한국의 전통사회 화폐

한국의 전통 사회 화폐

원 유 한 지음

우리 문화의 뿌리를 찾아서를 펴내며

　　한국의 전통 문화를 세계화하고자 하는 의도에서 기획
된 '우리 문화의 뿌리를 찾아서' 시리즈는 한국 문화의 독특함과 보편성
을 다양한 분야에서 연구한 성과들을 국내외에 소개함으로써 세계 속에
서 우리 문화의 위상과 학문적 경쟁력을 높이는 데에 그 목적이 있다.

　한글과 영어로 발간되는 이 시리즈는 지나치게 학술적인 경향이나
단순한 안내서의 수준을 지양하고 한국의 전통 문화를 이루는 근간을
다양한 사진 자료를 통해 집중 조명해 봄으로써 우리 문화를 폭넓고 깊
이있게 이해할 수 있도록 하는 데에 그 특징이 있다.

　이 시리즈는 또한 현대 문명이 유발한 문제점들을 치유하는 대안이 한
국의 전통 문화의 본질 속에 들어 있다는 것을 깨닫게 함으로써 세계인
들이 한국 문화의 우수성을 올바로 이해하는 데에 크게 기여할 것이다.

2005년 10월
이화여자대학교출판부

책머리에

화폐란 거래를 원활하게 하는 데 쓰이는 일종의 매개물이다. 이 매개물은 조개껍데기 · 곡물 · 옷감 · 소금 등과 같은 물품일 수도 있으며, 오늘날 사용하는 지폐(紙幣)나 주화(鑄貨)일 수도 있다. 이러한 화폐는 가치 척도, 지급 수단, 가치 저장, 교환 수단 등의 다양한 기능을 가지고 있다.

화폐는 지역적 조건이나 사회 경제 및 정치적 발전 단계에 따라 각기 독특한 형태를 가지면서 발전해 왔다. 일반적으로는 물품 화폐 → 금속 화폐(칭량 화폐 → 주조 화폐 = 주화) → 지폐 → 신용 화폐 등의 형태로 발전해 왔다. 즉 구체적인 것에서 추상적인 것으로 발전되어 왔다고 할 수 있다. 오늘날 전 세계 어느 곳을 막론하고 화폐 경제와 무관한 나라는 없다. 또한 각 나라마다 고유의 화폐를 가지고 있지만 화폐사의 발전 시기나 단계는 다를 수 있다.

그러면 한국의 화폐사는 어떠한 역사적 발전 단계를 거치면서 오늘에 이르렀는가. 그 역사적 발전 단계를 간략히 살펴보면 다음과 같다.

첫째, 한국사의 고대는 '화폐 생성기,' 둘째, 고려 시대는 '화폐 유통 시도기의 전반,' 셋째, 조선 전기는 '화폐 유통 시도기의 후반,' 넷째, 조선 후기는 '화폐 경제 성장 발전기,' 다섯째, 조선 말기는 '근대 화폐 제도 수용기'에 해당한다. 그 이후 근대 화폐 제도가 계속적으로 성장 발전하여 오늘날에 이르고 있다.

이 글에서는 한국 화폐사 발전을 이해하기 위해 앞에서 제시한 화폐사 발전 단계를 각각 화폐 유통 배경, 유통 정책과 영향 및 그 역사적 의의로 구분하여 살펴보기로 하겠다.

흔히 상품 화폐 경제 발달은 인류 역사 발전 과정에서 볼 때 필요조건으로 인식되고 있다. 또한 인류 문화의 발전 과정에서 볼 때 각 나라의 민족 문화는 상호 이질적인 요인과 함께 동질적인 요인을 공유하고 있다. 이 책에서 우리는 역사 발전의 중요한 요인이 되는 화폐 경제 발전에 대한 분석을 통해 한국 전통 문화의 본질을 이해하고 동시에 세계사 속에서의 한국 문화의 동질성과 이질성을 포괄적으로 비교해 볼 수 있게 될 것이다.

끝으로 이 책자에 게재한 도판은 거의 전적으로 『한국의 화폐』(한국은행 간, 1994년)에서 전재했다는 사실을 밝히며 한국은행 당국에 감사의 뜻을 전한다.

지 은 이

한국의 전통 사회 화폐

I

고대 화폐사 – 화폐 생성기

한국 고대 사회는 일찍부터 농업이 발달하였으며, 주로 자급자족적 경제 생활을 영위하였다. 그러나 시간이 흘러 자급자족 단계가 극복되고 물물 교환이 이루어짐에 따라 교환 매개물로 사용되는 여러 종류의 물품이 생겨났다. 특히 중요 생활 필수품인 포와 곡물이 교환 매개물로서 활발히 사용되었던 것 같다. 이 같은 사실은 한반도에 위치한 고대 소국에서 포와 곡물의 생산이 하나의 풍속으로 묘사될 정도였다는 점을 통해 짐작할 수 있다.

패화(貝貨) 고대 화폐

1. 화폐 생성의 배경

사회 경제적 발전

선사 시대부터 고대까지 어떠한 형태로 교환이 이루어졌는지 현재로서는 구체적으로 알기 어렵다. 그러나 청동기 시대와 초기 철기 시대, 원삼국 시대에는 가축 · 장신구 · 생산 기구 등이 물물 교환을 매개하는 물품 화폐로서 사용되었던 것으로 보인다.

한국 고대 사회는 일찍부터 농업이 발달하였으며, 주로 자급 자족적 경제 생활을 영위하였다. 그러나 시간이 흘러 자급 자족 단계가 극복되고 물물 교환이 이루어짐에 따라 교환 매개물로 사용되는 여러 종류의 물품이 생겨났다. 특히 중요 생활 필수품인 포와 곡물이 교환 매개물로서 활발히 사용되었던 것 같다. 이 같은 사실은 한반도에 위치한 고대 소국에서 포와 곡물의 생산이 하나의 풍속으로 묘사될 정도였다는 점을 통해 짐작할 수 있다.

포와 곡물 생산의 활성화는 농업 기술의 발달을 전제로 한다. 고대 사회는 철기가 보급되면서 농업 생산이 획기적으로 발전하였다. 철기의 보급은 계층간의 격차를 심화시키고, 지배 집단의 권력 기반을 확대시키는 결과를 초래하였다. 그리고 농업 생산력의 증대와 잉여 생산물의 급속한 축적은 집단간의 교역을 활성화시키고 사회경제적 발전을 촉진시킨 요인이 되었다.

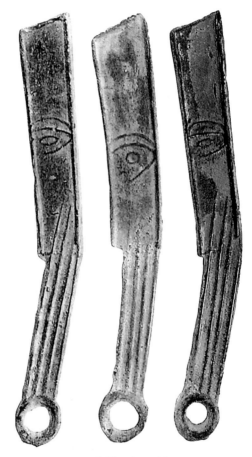

도전(刀錢) 고대 중국 화폐

특히 『삼국지』 「위지」 '동이전'의 기록은 교역과 화폐 생성의 상관관계를 잘 보여주고 있다. 즉 각종 물자의 구매에 철(鐵)을 화폐와 같이 사용했다는 기록이 그것이다. 이 같은 사실로써 고대 사회의 화폐 생성 과정의 한 사례를 확인할 수 있다.

중국 화폐 유통

위와 같이 고대 사회에서 유통된 물품 화폐는 농업 발달 과정에서 자연 발생적으로 생성되었다. 그 이외에도 화폐 제도가 발달한 중국과 인접해 있어 초기 철기 시대부터 중국에서 사용된 화폐가 유입되었다. 한국 고대 사회에 가장 먼저 유통된 중국 화폐는 명도전(明刀錢)이다. 중국 연나라의 주화인 명도전은 주로 한반도 서북 지방에 분포되어 있는데, 평북 위원군 용연동 유적 등에서 출토되었다.

그 이외에도 경남 창원군 다호리 유적에서는 한나라 때 화폐인 오수전(五銖錢)이, 제주도 건입동 산지항 유적에서는 신나라 왕망 시대의 화폐 등이 출토되는 등 한반도 서남부 해안 지대에서도 중국 화폐가 출토되었다. 이는 중국과의 교역이 주로 해안선을 따라 이루어지면서 중국 화폐가 한반도 일부 지방에서 유통되었음을 보여주는 것이라고 하겠다.

그리고 통일신라 시대에 당의 화폐가 대량으로 유입되었다는 『고려사』의 기록을 통해 고대 사회에서 중국 화폐가 적지 않게 유통되었다는 것을 짐작할 수 있다. 이와 같은 중국 화폐의 유입이 고대 사회에 물품 화폐 이외의 화폐, 즉 금속 화폐(칭량 화폐)의 생성에 영향을 주었을 것으로 짐작된다.

고대 중국 화폐

고대 중국 화폐

철부(鐵斧)

2. 각종 화폐의 유통

물품 화폐 유통

삼국 시대에 이르러서는 미(米) 등의 곡물류와 베·모시·비단 등의 견직물·마직물이 국가의 세납과 지출 수단으로 사용되는 동시에 민간의 교역에서도 물품 화폐로 유통되었다. 물품 화폐는 고대 사회의 농업 생산물, 즉 생활 필수품과 직접 연결되어 있다. 고대 사회에서 곡물과 포가 화폐 기능을 하였다는 것은, 첫째, 곡물로 이식업(利殖業)을 하였고, 둘째, 조세로 곡물과 포 등을 거두어들였으며, 셋째, 곡물과 포가 시장에서 유통되었다는 사실을 통해 알 수 있다.

칭량 화폐의 유통

철부(鐵斧)·철정(鐵鋌) 유통

고대 사회에서 철은 중요한 용도로 사용되었다. 중국 화폐 유입도 철이 화폐의 용도로 사용되기 시작한 시기에는 기록이나 유물로 나타난 것이 없다. 이러한 때 철이 화폐로 사용된 것은 어쩌면 당연하다. 당시 부를 축적하고 권위를 상징할 수 있는 것 중 하나가 철이었고, 물품 화폐만 사용하던 시기보다 진전된 형태의 화폐가 필요한 사회가 되었기 때문일 것이다.

철정(鐵鋌)

초기 철기 시대에는 철(鐵)이 화폐를 대신하는 교환 수단이 되었을 가능성이 크다. 이 같은 사실은 변한(弁韓)에서 철이 생산되어 일본과 낙랑 등에 수출했다는 『삼국지』「위지」'동이전'의 기록을 통해 알 수 있다. 그런데 이 철은 일정한 규격을 갖춘 칭량 화폐로 사용된 듯하다. 칭량 화폐의 유통은 철이 중국의 화폐처럼 사용되었다는 '동이전'의 기록을 통해 짐작할 수 있다. 철이 중국의 화폐처럼 사용되었다고 해서 국가가 체재 · 품질 · 무게 등을 일정하게 규격화하고 법적 통용력과 경제적 신용을 부여한 주화로 보기는 어렵다. 다만 민간에서 교역에 사용하기 편리하도록 체재 · 품질 · 무게 등을 일정하게 규격화하여 사용한 금속 화폐의 초기 단계인 칭량 화폐였던 것으로 짐작된다.

『삼국지』「위지」'동이전'의 기록에 따라 철의 화폐 기능이 강조되었으며, 이때의 철은 철정과 깊은 연관을 가지고 있으며 또한 철정의 기원이 철부라는 견해에 따라 철부와도 깊은 관계가 있다.

금 · 은전 유통

철 이외에도 『해동역사』「식화지」'전화' 조의 기록을 통해 금 · 은(金銀)이 칭량 화폐로 사용되었다는 사실을 알 수 있다. 『해동역사』는 중국측의 기록을 근거로 동옥저(東沃沮)와 신라(新羅)가 금 · 은전을 유통하였다고 기록하고 있다. 그러나 실제 유물이 발굴되지 않았고, 『해동역사』가 근거 자료로 든 중국측의 기록에 문제가 있다는 점을 들어 금 · 은전 유통 사실을 부인하고 있기도 하다. 하지만, 신라는 일찍부터 금 · 은을 사용하였고, 금 · 은의 나라로 알려져 있다. 또한 『고려사』「식화지」에 기록된 은병(銀瓶) 등도 아직까지 유물이 발굴되지 않았다. 그렇지만 은병 사용을 부인하지 않고 있으며, 조선 세조 때 만들어진 전폐(箭幣)와 저화(楮貨)도 아직까지 발견되지 않고 있다. 이런 점에서 고려 시대보다 더 이전 사회에서 사용된 금·은전이 발굴되지 않았다는 사실만으로 이 기록을 부정할 수는 없다고 생각한다. 따라서 금·은 공예 기술이 발달한 신라에서 금·은전이 사용되었다는 사실을 부인할 수 없을 것 같다.

위 기록을 보면 동옥저의 전(錢)은 『위략』을 근거로, 신라의 전은 『전등록』을 근거로 동옥저와 마찬가지로 문양이 없는 전이 유통되었다고 한다. 동옥저와 신라의 전은 금과 은으로 만들어졌고 크기에 대소가 있고 모두 4종류가 있었다고 한다. 그런데 이 금·은 무문전은 문양이 없어서 어느 나라의 것인지 구분하기 힘들다고 하였다. 이것은 금·은 무문전이 칭량 화폐로 사용되었다는 근거가 된다고 생각한다. 각 나라에서 금·은전을 주조하였다면 거기에는 주조한 나라의 특징이 있을 것이다. 구분이 되지 않는다는 것은 금과 은이 귀금속으로서 실질 가치를 지니고 있기 때문에 민간에서 무게를 단위로 일정한 형태의 금·은전을 사용하였기 때문일 것이다.

3. 역사적 의의

한국 화폐사 발전 과정에서 볼 때 화폐 생성기에 해당하는 고대 사회에서는 금·은·철·미(米)·포(布)·모시·비단 등이 물품 화폐나 칭량 화폐의 형태로서 교환·세납·이식 수단 등으로 사용되었다. 고대 사회에 사용된 화폐는 화폐 유통 시도기의 전반인 고려 시대처럼 국가가 체재·품질·무게 등을 일정하게 규격화하고 법적 통용력과 경제적 신용을 부여하여 법화로 유통한 주화였다기보다는 민간인에 의해 자연발생적으로 생성된 것이었다. 즉 고대 화폐는 고려 시대에 국가가 법화로서 주조한 주화 유통 직전의 단계인 칭량 화폐 유통의 단계까지 발전한 것이다. 이것은 한국 고대 화폐의 특징으로서 고대 화폐사가 한국 화폐사 발전 과정에서 화폐 생성기에 해당한다는 것을 의미하는 것으로 이해할 수 있다.

II

고려 시대 화폐사

– 화폐 유통 시도기의 전반

후삼국을 통일하고 건국한 고려는 차츰 제도가 정비되면서 국가의 재정이 튼튼해지고 농업과 수공업 등 여러 분야에서 생산력이 증진되었다. 그 결과 성종 때는 이전 시기인 화폐 생성기의 칭량 화폐 유통의 단계를 벗어나 국가가 법화로서 주화(鑄貨), 즉 철전(鐵錢)을 주조 유통시키고자 하였다. 이 화폐가 996년(성종 15)에 만들어진 건원중보(乾元重寶)이다.

건원중보

1. 화폐 유통의 배경

한국 화폐사 발전 과정에서 볼 때 화폐 유통 시도기의 전반에 해당하는 고려 시대 화폐 유통 정책의 궁극적인 목표는 미·포 등 물품 화폐의 한계를 극복하고 철전·동전 및 지폐(보초·저화) 등 명목 화폐를 법화로 만들어 유통·보급하려는 데 있다. 고려 왕조가 위와 같은 화폐 유통 정책을 시행한 주요 배경으로 다음 몇 가지를 들 수 있다.

첫째, 국내 상업과 대외 무역 및 수공업·농업 등 사회 생산력의 증진으로 상품 교환 경제가 발전하여 공·사 유통계를 지배하고 있던 물품 화폐와 칭량 화폐 등의 통화 기능이 한계를 드러내게 되면서 명목 화폐 유통의 필요성이 증대되었다. 고려 왕조는 수도 건설과 동시에 시전(市廛)을 설치하였으며, 시전을 관리할 관청으로서 경시서(京市署)도 설치하였다. 시전의 규모는 시간이 흐를수록 커지고, 경시서 역시 그 역할이 강화되었다.

이와 더불어 상인들의 활동도 활발했는데, 이들은 이윤을 추구하고자 도량형을 조작하는 등 각종 사회적 물의를 일으켰다. 이로써 상품 교환 매개체로서 당시 유통계를 지배하던 미·포 등 물품 화폐와 칭량 화폐의 한계를 극복하기 위해 철전·동전·저화 등 명목 화폐 유통의 필요성을 느끼게 되었다. 이 같은 명목 화폐 유통의 가능성은 당시 유통계에서 대체로 명목 화폐 직전의 단계에서 통용되는 칭량 화폐가 유통되고, 또한 물품 화폐 중 실질 가치가 거의 없는 추포(麤布)가 널리 유통되었다는 사실을 통해 짐작할 수 있다.

둘째, 그 당시 국왕을 비롯한 당로자 등은 철전 및 동전과 같은 명목 화폐의 주조 유통은 백성을 부유하게 하고 풍속을 순박하게 하거나 국가를 부강하게 한다고 평가하였다. 이처럼 명목 화폐의 주조 유통은 국가 재정과 민중 생활의 증진에 기여하는 것이기 때문에 한 나라가 마땅히 갖추어야 할 제도라고 인식하였다.

셋째, 고려 왕조는 집권적 지배 체제의 정비 강화책의 한 방안으로서 '화권재상(貨權在上)'이라는 명분을 내세워 민간이 장악하고 있는 화폐권을 국가에 귀속시키기 위해 물품 화폐 유통을 금지하고 명목 화폐를 유통시키고자 하였다. 왕조 당국은 철전이나 동전 등 명목 화폐를 주조 유통하게 되면, 민간에서 생산하고 그 유통을 주도하는 미·포 등 물품 화폐에 대한 그들의 지배권을 국가에 귀속시킬 수 있다고 생각하였던 것이다.

넷째, 고려 왕조의 타국 또는 타민족 문화 수용 정책은 폐쇄적이기보다는 개방적 성격을 띠고 있었기 때문에 중국 한족 문화를 비롯한 주변 문화를 큰 거부 반응 없이 수용하였던 것으로 보인다. 그리하여 고려 시대에는 당·송·원·명 등 중국 여러 나라의 화폐를 수입 유통함으로써 원료 부족 문제를 극복하면서 화폐 유통 정책을 추진하였다.

2. 각종 화폐의 유통

철전 · 동전의 유통

후삼국을 통일하고 건국한 고려는 차츰 제도가 정비되면서 국가의 재정이 튼튼해지고 농업과 수공업 등 여러 분야에서 생산력이 증진되었다. 그 결과 성종 때는 이전 시기인 화폐 생성기의 칭량 화폐 유통의 단계를 벗어나 국가가 법화로서 주화(鑄貨), 즉 철전(鐵錢)을 주조 유통시키고자 하였다. 이 화폐가 996년(성종 15)에 만들어진 건원중보(乾元重寶)이다. 건원중보는 앞면에는 '건원중보', 뒷면에는 '동국(東國)'이라고 쓰여 있다. '건원(758~760)'은 중국 당나라 때의 연호이나, 동전 뒷면의 위와 아랫면에 각각 '동' 자와 '국' 자를 표시하여 우리 나라 화폐임을 밝히고 있다. 즉 건원중보는 한국 화폐사 발전 과정에서 볼 때 명목 화폐의 성격을 띤 최초의 주화라 할 수 있다.

그러나 성종 때 주조된 철전은 널리 유통되지 못하고 1002년(목종 5)에 이르러 유통이 중단되었다. 그 후 약 100여 년이 지난 1097년(숙종 2)에 이르러 다시 동전을 주조 관리하는 주전관(鑄錢官)을 두게 되었다. 이 시기 각종의 동전이 만들어지는데 해동통보(海東通寶)를 비롯하여 해동중보 · 삼한통보 · 삼한중보 등이 주조 유통되었다.

성종이나 숙종, 그리고 이들의 뒤를 이어 왕위에 오른 목종이나 예종도 선왕의 화폐 유통 정책을 계속 추진하고자 하였다. 이들이 명목

해동중보

해동통보

화폐의 주조 유통을 적극 추진할 수 있었던 것은 화폐 가치에 대한 인식이 남달랐기 때문인 것으로 보인다. 목종과 성종은 화폐의 주조 유통이 백성을 부유하게 하고 풍속을 순박하게 하는 것으로 백성에게 이익이 된다고 인식하였다. 숙종과 예종은 여기서 한 단계 더 나아가 화폐의 주조 유통은 백성을 부유하게 할 뿐만 아니라 국가를 부강하게 한다고 인식하였다. 이 같은 화폐 가치 인식은 명목 화폐의 주조 유통을 시도할 수 있는 바탕이 되었다.

고려 왕조는 다음 몇 가지 방법을 통해 명목 화폐의 유통을 시도하였다.

첫째, 주화는 명목 화폐이기 때문에 국가에서 공신력을 부여하여 백성으로 하여금 화폐 유통에 대한 믿음을 주려고 하였다. 특히 숙종은 국가의 동전 유통 정책에 대한 신뢰감을 주기 위해 동전 유통 사실을 종묘(宗廟)에 고하도록 하였다.

둘째, 관리들에게 녹봉 대용으로 나누어 주려고 하였다. 국가에서 공신력을 부여하였다고는 하지만 실질 가치가 있는 물품을 주로 취급하였던 일반 백성들이 먼저 사용하기에는 무리가 있었으므로 화폐에 대한 인식이 어느 정도 가능하고 법적 구속력을 잘 아는 관리들에게 나누어 줌으로써 화폐 유통의 편리함을 인식할 수 있도록 하려는 정책적 배려였다.

셋째, 성종은 기존에 널리 사용하던 추포의 통용을 금지함으로써 동전 유통을 장려하였다.

넷째, 주점(酒店) · 다점(茶店) 등 음식점을 설치하여 화폐를 유통하게 하였다.

다섯째, 상업을 발달시켜 화폐를 유통시키고자 하였다.

주점 김홍도, 조선 시대, 국립중앙박물관 소장

칭량 은화의 유통

명목 화폐를 유통하면서 1101년(숙종 6)에는 은병(銀瓶) 또한 화폐로 주조 유통하였다. 은병은 고대 사회의 칭량 화폐와는 달리 칭량 화폐이면서도 국가에서 주조한 주화일 뿐만 아니라 표인(標印)까지 한 법화이다. 은병은 실제로는 동과 은을 합주한 것으로 15냥밖에 되지 않았으므로 실질 가치가 은 한 근이 되지 않았다. 그러나 국가에서 은 한 근으로 통용력을 부여하였기 때문에 명목 화폐의 성격을 띤 칭량 화폐로서 명목 화폐로 이행되는 과도기적인 성격이 내포된 것이다.

은병은 은과 동을 섞어서 만들었기 때문에 도주(盜鑄)될 가능성이 항상 있었다. 고려 말 은의 부족으로 품질이 조악한 은병이 민간에 많이 유통되었다. 도주된 은병으로 인해 사회 경제적 모순과 폐단이 심각해지자 국가는 이를 막고자 제도 개편을 시도하였다. 첫째, 실질 가치를 지니고 있는 쇄은(碎銀)을 국가에서 화폐로 인정하여 유통하였다. 둘째, 은병의 품질을 개선하기 위해 소은병을 유통하였다. 셋째, 은표(銀標)를 주조 유통하였다. 그러나 이상의 조치들은 소기의 성과를 거둘 수 없었다.

저화 유통 시도

고려 후기에는 쇄은과 소은병이 유통되었으며, 원(元)으로부터 다량의 보초(寶鈔)가 유입 통용되었다. 쇄은과 소은병은 위에서 보았듯이 고려 말에 원활히 유통되지 못하였다. 즉 고려 왕조가

소은병

쇄은

시도한 칭량 은화 화폐 제도 개혁이 소기의 성과를 거두지 못하자 저화의 인조(印造) 유통을 통해 이를 개선하고자 하였다. 저화 유통을 시도한 또 다른 이유로는 보초를 사용한 원의 영향을 들 수 있다. 보초는 원에서 원활히 유통된 지폐로서 주로 고려가 원과 교역할 때 많이 사용되었다. 따라서 1391년(공양왕 3)에 저화 제도의 채용 문제가 제기되었고, 다음해 저화를 인조하였다. 그러나 그 당시의 정치적 혼란과 사회 경제적 미숙성으로 인하여 인조된 저화는 유통되지 못하고 말았다.

중국 화폐 유통

　　중국 화폐의 유통은 고대 사회뿐 아니라 고려의 화폐
정책에도 적지 않은 영향을 주었던 것으로 보인다. 고려 사회에는 중
국으로부터 다량의 주화와 보초 등이 유입되어 통용되었다.

　먼저 주화 유통에 대해 살펴보면, 중국의 동전 중 특히 송(宋)의 동
전은 직접 유입·통용되었다. 송의 동전이 고려에 유입되었다는 기록
은 중국측 자료에는 여러 곳에서 찾아볼 수 있다. 고려측의 기록에는
보이지 않지만, 출토 유물로서 확인할 수 있다. 또한 후대의 일이기는
하지만 명(明)의 동전이 고려에 유입 유통되었다는 기록이 『고려사』에
보이고 있다. 중국 동전은 고려에 직접 유통되었을 뿐만 아니라 고려
왕조가 동전을 주조 유통하는 데도 영향을 주었다. 그 근거의 하나로
서 고려 성종 때 주조된 화폐의 전문(錢文)을 통해서 짐작할 수 있다.
'건원중보(乾元重寶)' 등 중국 동전의 이름을 가진 화폐가 고려에서 주
조되었고, 그 이면에 '동국(東國)'자를 배자(背字)하고 있다는 점을 들
수 있다.

　중국에서 유입된 화폐는 주화뿐만이 아니라 지폐의 일종인 보초도
있다. 보초는 원의 간섭기에 고려로 유입되었는데, 이제까지의 중국
화폐의 유입과는 상당히 다른 면을 띠고 있다. 보초는 고려에 거의 강
제적으로 유입되어 상당히 광범하게 유통됨으로써 고려 시대 유통계
에 적지 않은 영향을 주었던 것으로 보인다. 또한 고려 말 저화 유통
시도에도 영향을 주었다.

3. 화폐 유통 중단 원인

앞에서 살펴보았듯이 고려 왕조가 각종 화폐의 유통을 시도하였지만 어느 화폐도 지속적으로 유통되지 못하였다. 그 성격에 따라 중단 원인이 다를 수 있겠지만, 대체로 다음과 같은 사실을 들 수 있다.

첫째, 고려 왕조의 화폐 유통 정책이 그 당시 사회 경제적 현실에 적합하지 않았고, 한번 시행한 정책을 지속적으로 추진하지 못하였다는 점이 철전이나 동전 등 각종 명목 화폐의 유통이 거듭 중단된 원인이 되었다.

둘째, 고려 시대의 상품 교환 경제 및 사회 제생산의 발전이 철전 · 동전 · 지폐 등 실용 가치가 충분히 보장되지 않은 명목 화폐를 저항없이 수용하는 데는 한계가 있었다는 점이 각종 화폐 유통이 중단된 중요한 원인이 되었다.

셋째, 상인들의 국내 원거리 교역이 중국이나 일본 등 다른 나라에 비해 활발하지 않았기 때문이다. 원거리 교역은 운반비가 많이 들기 때문에 가벼운 금속 화폐가 선호되었지만 고려는 지역이 협소하고 물산이 크게 다르지 않기 때문에 많은 이윤을 남기기 어려웠다. 따라서 상인들은 원거리 상업보다 근거리 상업을 선호하였다. 이것이 화폐 유통의 필요성을 감소시키는 원인이 되었다.

넷째, 화폐를 주조하기 위한 원료 구입의 어려움을 들 수 있다. 고려 말 화폐 제도 개혁을 시도하면서 은과 동이 산출되지 않는 만큼 동전과 은병을 유통하는 화폐 제도 개혁은 어렵다고 하였다. 조선 시대의 경우에는 동전을 주조 유통하면서 국내 동의 공급 부족으로 일본의 동을 수입해서 주조하였던 것을 보면, 고려 사회도 예외가 아니었을 것이다.

다섯째, 명목 화폐를 주조 유통하고자 한 국왕이 사회 경제적인 현상을 고려하지 않고 너무 급진적으로 시행하였기 때문에 민간인의 자유로운 유통 영역을 장악하지 못하였다. 민간의 유통 영역을 통제하지 못하면서 화폐가 계속적으로 유통되기는 힘들다. 화폐는 모든 백성들이 그 편리함을 인식할 수 있어야만 지속적으로 유통될 수 있기 때문이다.

4. 역사적 의의

　　고려 왕조가 추진한 화폐 유통 정책의 궁극적인 목표는 미 · 포 등 물품 화폐의 한계를 극복하고 철전 · 동전 및 지폐(저화) 등 명목 화폐를 법화로 만들어 유통 보급하려는 데 있었다. 이 같은 고려 왕조의 화폐 유통 정책은 앞에서 지적한 여러 가지 원인으로 실패했음에도 불구하고 각종 화폐의 유통 시도는 한국 사회에 가장 적합한 화폐를 찾는 데 중요한 계기가 되었다. 또한 철전과 동전 유통이 중단되었음에도 불구하고 한국 화폐사에서 명목 화폐의 성격을 띤 주화를 유통하였다는 점에 고려 시대 화폐사의 의의가 있다 하겠다.

　　또한 고대의 화폐가 민간에서 자연발생적으로 유통된 것이라면, 고려의 화폐는 국가의 관리하에 화폐가 주조 유통되었다는 점을 특징으로 들 수 있다. 고려 왕조의 화폐 주조 유통은 이전 시기와 달리 '화권 재상'을 명분으로 내세워 국가가 집중적으로 관리하는 것을 원칙으로 하였다. 즉 국가가 화폐의 주조 유통을 관리 통제하여 민중의 생활과 국가 재정을 보완하는 등 제반 사회 경제 내지 국가 발전을 추구하였다.

　　이처럼 고려 시대에 들어서면서 한국 화폐사는 대전환기를 맞이하였다. 각종 화폐의 유통 시도는 고려 시대 화폐사를 화폐 유통 시도기로 구분할 수 있도록 하였으며, 한국 화폐사가 발전하기 위한 초석을 마련하였다는 점에 중요한 의미가 있다고 하겠다. 뿐만 아니라 고려 시대를 뒤이은 조선 왕조 초기에 법화화(法貨化)한 은병 등이 계속 유통되고 있었고, 조선 왕조는 고려 시대의 화폐사를 역사적 선례로 하여 저화나 동전 등 명목 화폐의 유통을 시도하였다는 사실에서도 고려 시대 화폐 유통 정책의 역사적 의의를 찾아볼 수 있을 것이다.

Ⅲ

조선 전기 화폐사

– 화폐 유통 시도기의 후반

조선 왕조는 개국 초 국내의 정치적 혼란과 대외 관계의 불안을 극복하고 정치 · 경제 · 사회 · 문화 등 여러 부문에 걸쳐서 제도를 정비하기 시작하였다. 제반 문물 제도를 중앙 집권적으로 정비 · 확립하는 과정에서 고려 시대에 실시하였던 것처럼 당시의 지배적 유통 질서인 물품 화폐 유통 체제를 극복하고 명목 화폐 제도를 실시하기 위해 저화(楮貨)나 동전(銅錢) 등을 법화로 유통 시도하였다.

조선통보   조선통보는 1423년부터 1636년(인조 14)까지 만들어진 조선 최초의 동전이다. 조선통보는 1415년 6월에 당의 오수전(五銖錢)을 본떠서 만들기로 결정하였으나, 5일 만에 사간원의 반대로 사업이 중지되었다. 그 후 세종은 저화의 유통을 보완하려는 목적으로 10돈중을 1냥으로 한 당의 개원통보를 본떠 만든 해서체(楷書體)의 조선통보를 주조하여 유통하였으나 얼마 지나지 않아 중단되었다. 이후 1633년(인조 11) 10월에 중국의 만력통보를 모방하여 조선 전기의 것과 구분하기 위해 글씨체를 팔분서체(八分書體)로 바꾸어 주조 유통하였다.

1. 화폐 유통의 배경

조선 왕조는 개국 초 국내의 정치적 혼란과 대외 관계의 불안을 극복하고 정치·경제·사회·문화 등 여러 부문에 걸쳐서 제도를 정비하기 시작하였다. 제반 문물 제도를 중앙 집권적으로 정비·확립하는 과정에서 고려 시대에 실시하였던 것처럼 당시의 지배적 유통 질서인 물품 화폐 유통 체제를 극복하고 명목 화폐 제도를 실시하기 위해 저화(楮貨)나 동전(銅錢) 등을 법화로 유통 시도하였다. 그 동기 내지 시대적 배경은 다음과 같다.

첫째, 조선 왕조 초기에 이미 농민의 수가 적어지면서 상인의 수가 증가하고 있음을 우려하고, 상인의 매점적 도고(都賈) 활동이 심각한 문제점으로 논의되었다. 또한 실용 가치가 없는 품질 나쁜 추포(麤布)가 법으로 금지하는데도 계속 화폐 기능을 발휘하게 된 당시의 상품 교환 경제 발전은 저화나 동전 등 명목 화폐를 법화(法貨)로 유통시키게 된 중요한 사회 경제적 배경이 되었던 것으로 짐작된다. 즉 미(米)와 포(布) 등 물품 화폐의 한계를 느끼고 명목 화폐를 필요로 하는 사회 경제적 요청에 따라 저화나 동전을 법화로 유통 보급하고자 한 것을 알 수 있다.

둘째, 역사적 배경을 들 수 있다. 고려 왕조가 10세기 말 이후 물품 화폐 유통 체제를 극복하고 명목 화폐 제도를 도입 실시하기 위하여 화폐 유통 정책을 거듭 시도하였던 사실은 조선 전기에 저화나 동전인

조선통보

조선통보(朝鮮通寶) 등 명목 화폐를 법화로 유통시키게 된 역사적 배경이 되었다. 사실상 한국 화폐사 발전 과정에서 볼 때 고려 시대나 조선 전기는 화폐 유통 시도기였다는 점에서 본질적으로 성격을 같이하는 시대라 할 수 있다.

셋째, 조선 왕조는 저화나 동전을 법화로 유통함으로써 국가의 궁핍한 재정을 보완하고 국민의 경제 생활을 안정시키려 하였다. 왕조 건국 초기에 있어 가장 중요한 현안 중 하나가 화폐를 만들어 유통시킴으로써 급증하는 국가 재정을 보완하는 것이었다.

넷째, 중앙 집권적 조선 왕조는 국가의 중요한 이권(利權)인 화폐권을 국왕 또는 중앙에서 완전 장악하기 위하여 저화나 동전을 법화로 유통시키려 하였으며, 포와 같은 물품 화폐를 법화화(法貨化)하려고 하였다.

다섯째, 일찍부터 화폐 경제가 발달한 중국으로부터의 직접 · 간접적 영향은 조선 전기에 각종 명목 화폐의 유통을 시도하게 된 동기가 되었다.

여섯째, 저화나 동전 등 명목 화폐를 '유국유민지양법(裕國裕民之良法)'이라고 보았던 당시 왕조 당로자들의 화폐 가치관은 조선 왕조의 경제 기반 확립을 필요로 하는 초기에 국가 경제 증진책의 일환으로서 화폐 정책을 추진하는 배경이 되었던 것으로 보인다.

저화 유통

저화*는 원래 1391년(공양왕 3)에 만들어졌으나 유통되지는 않았다. 그 후 1401년(태종 1)에 고려 말에 한번 시도한 바 있는 저화를 법화로 유통시킬 것을 결정하였다. 이듬해 사섬서(司贍署)를 설치하고 저화를 인조(印造)하여 포와 함께 사용하게 하였다. 이때의 저화 1장은 상5승포(常五升布) 1필 또는 쌀 2되의 가치를 지니고 있었다. 그러나 저화의 가치가 점점 하락하게 되자 유통계에서 명목 화폐인 저화는 사라지고 일반 민중은 물품 화폐인 포만을 사용하게 되었다. 이에 1403년(태종 3) 9월 저화의 사용을 일단 중지하지 않을 수 없었고, 그 뒤 포만 화폐로 사용되었다.

1410년(태종 10) 5월에는 포화, 즉 포만을 법화로 사용하는 제도의 모순성이 논의되어 다시 저화를 법화로 사용할 것을 결정하였다. 저화는 종이로 만들었기 때문에 국가가 그 가치를 보장해 주어야 함에도 불구하고 그것이 제대로 이루어지지 않아 원활히 유통되지 못하였다. 따라서 조선 왕조는 저화를 유통시키기 위하여 세금을 저화로 받는 등

* 저화 원나라의 보초(寶鈔)를 모방하여 닥나무 껍질로 만든 지폐의 일종이다. 화주지(貨注紙)와 상주지(常注紙)로 만들었으며 그 크기는 화주지의 경우 가로 42.4cm, 세로 48.5cm이고 상주지는 가로 30.3cm, 세로 33.3cm이다. 이는 『문헌비고』의 기록이고 실물은 현재까지 발견되지 않고 있다.

여러 가지 유통책을 실시하였으나, 저화의 가치는 계속 하락해서 1423년(세종 5)경에는 저화 1장이 쌀 1되에 지나지 않았다. 이처럼 저화 유통 정책이 성과를 거둘 수 없게 되자, 보완책으로 1423년에 조선통보를 주조하여 저화와 병용하게 하였다. 동전 역시 퇴장당하거나 가치 변동이 심해 법화로서의 기능을 제대로 발휘하지 못하였다.

조선 왕조는 1445년(세종 27) 12월 동전 유통 정책의 실패에 대비해 다시 저화를 유통시키기로 하였고, 뒷날 『경국대전(經國大典)』에 저화가 포화와 함께 법화로 규정되기에 이르렀다. 그러나 저화는 그 당시의 사회 경제적 미숙성이나 원료 공급난 또는 화폐 정책 자체의 모순성 등 여러 가지 원인으로 말미암아 16세기까지 극히 한정된 일부 유통계에서 사용된 것으로 보인다. 그럼에도 불구하고 조선 전기에 저화를 법화로 사용하였던 사실은 조선 후기 화폐 정책의 입안과 시행 과정에서 종종 역사적 사례로서 참고, 활용되었다.

동전 유통

조선 초기 저화의 유통 정책이 성과를 거둘 수 없게 되자, 조선 왕조는 그 보완책으로 1423년에 조선통보를 주조하여 저화와 함께 법화로 병용하게 하였다. 조선 시대에 들어와서 동전 주조 유통론이 처음 제기된 것은 1394년(태조 3)이었으나, 정책으로 채택 결정된 것은 1415년(태종 15)이었다. 그러나 당(唐)의 개원오수전(開元五銖錢)을 본떠서 조선통보를 주조 유통시키기로 했던 당시의 정책 결정은 가뭄으로 민심이 동요될 우려가 있다는 이유로 실현될 수 없었다. 1423년에 이르러서야 1402년부터 유통된 저화의 유통 부진을 보완하

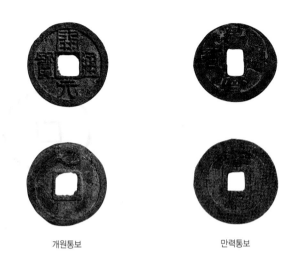

개원통보   만력통보

기 위해 처음으로 동전을 주조하여 저화와 병용하게 하였다.

조선 왕조는 사섬서의 주관으로 당의 개원통보를 본떠서 조선통보를 중앙에서 주조하도록 하였으나, 다량의 동전을 단시일 내에 주조할 수 없기 때문에 연료나 화폐 원료 및 노동력의 공급 사정을 고려하여 각 지방에도 주전소(鑄錢所)를 설치, 동전을 주조 유통하게 하였다. 저화의 유통 부진을 보완하기 위해 동전을 저화와 병용하게 되자, 저화는 일반 유통계에서 사라지고 겨우 조세의 납부 수단으로만 사용되었다.

1425년 4월에 이르러서는 마침내 저화의 유통이 중단되고 동전만 사용되었다. 이로써 각 도의 세공(稅貢) 저화를 비롯한 각종 세납을 동전으로 납부케 하고, 동전으로 바치지 않는 자를 처벌하는 등 동전의 유통 보급에 힘썼다. 그러나 화폐 원료의 절대량 부족으로 충분한 수량의 동전을 주조 유통할 수 없었고, 명목 화폐인 저화의 유통이 그러했듯이 미나 포 등 물품 화폐의 유통이 지배적인 그 당시 유통계 실정에서 동전의 유통 정책도 별 성과를 거둘 수 없게 되었다.

포화 유통

조선 왕조는 저화나 동전 등의 명목 화폐를 법화로 유통시키기 위한 화폐 정책이 소기의 성과를 거둘 수 없게 되자, 그것에 대한 보완 내지 미봉적 조치로서 일찍부터 유통계를 지배해 온 대표적 물품 화폐인 포를 법화화하고자 하였다. 조선 왕조가 초기부터 저화나 동전을 법화로 유통 보급하기 위해 화폐 정책을 추진할 당시는 물론 화폐 정책을 의욕적으로 추진하고 있는 중에도 실질적으로 미와 포 등 물품 화폐가 유통계를 지배하고 있었다. 즉 당시의 민중들이 주로 미곡과 포화를 교환 수단으로 이용하는 등 화폐 가치를 실용성에서 찾고 있었으므로 명목 화폐인 저화나 동전이 제대로 유통될 수 없었다. 결국 조선 왕조도 포화로 사용하는 마포나 면포의 양쪽 끝에 '조선통폐지인(朝鮮通幣之印)'이라는 도장을 찍음으로써 포화의 품질과 길이를 규격화하기에까지 이르는 등 물품 화폐인 포화를 법화로 인정할 수밖에 없었다.

조선 왕조는 15세기 말엽에 편찬 공포한『경국대전』에도 포화를 저화와 함께 법화로 규정하고 있다. 조선 왕조가 마포나 면포를 법화로 유통하고자 한 것은 당시 일반 유통계를 지배하고 있는 물품 화폐를 현실화, 즉 법제화하여 화권재상(貨權在上)을 추구하려는 정책 의지의 표출로 보아야 할 것이다. 그러나 조선 왕조가 적극적으로 유통 보급하려 했던 명목 화폐 저화를 하폐(下幣)로 하는 반면 유통을 금지시키려 했던 포화를 상폐(上幣)와 중폐(中幣)로『경국대전(經國大典)』에 규정한 것은 화폐 정책 운용면에서 볼 때 퇴보적인 동시에 현실 수용적 성격이 짙은 조치로 이해할 수 있다.

전폐 유통 시도

조선 왕조는 포화를 법화화하려는 화폐 정책과 본질적으로 성격을 같이하는 것으로서 철촉(鐵鏃)을 법화로 사용하는 방안을 채택하기도 하였다. 1464년(세조 10)에 유사시에는 화살촉으로 사용하고 평화시에는 화폐로 사용한다는 목적에서 화살촉 모양의 이른바 전폐(箭幣, 일명 八方通寶)를 법화로 주조 유통하려 했던 사실이 그것이다. 그러나 저화 · 동전 등 명목 화폐와 물품 화폐인 포화를 법화로 유통시키기 위해 추진한 화폐 정책의 부진 내지 실패를 보완하거나, 또한 그 미봉적 조처로 취해진 물품 화폐인 전폐의 법화화 시도는 실현될 수 없었다. 즉 전폐는 그 재료가 우리 나라에서 흔한 철(鐵)로서 가치가 동전보다 더욱 하락할 소지가 다분하여 화폐 기능을 제대로 발휘하기 힘들었던 것이다. 더구나 전제 군주로서의 성격이 강한 세조가 군국주의적 발상에서 주도한 전폐의 주조 유통 시도가 문민주의적 정치의 실현을 이상으로 하고 있던 정계 분위기 속에서 저항 없이 수용될 수는 없었을 것이다.

칭량 은화 유통

한국이나 중국은 물론 세계 화폐사 발달 과정에서 볼 때 금 · 은 등 귀금속은 화폐로서의 요건을 비교적 고루 갖추고 있기

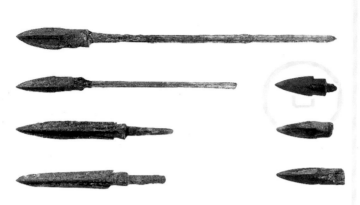

전폐 1464년에 만들었는데 버들잎 모양으로 그 크기는 약 6센티미터 정도였다고 한다. 그러나 현재까지 발견되지 않아서 정확한 모양과 유통 여부가 확실하지 않다. 따라서 여기서는 중국의 전폐를 소개한다.

때문에 일찍부터 물품 화폐나 철(鐵)·동(銅) 등 비금속(卑金屬)과 함께 화폐로 사용되었다. 한국 고대 사회에서도 금·은 무문전이 사용되었고, 고려 왕조도 11세기 초부터 칭량 은화인 은병을 만들어 철전·동전 등 주화와 함께 법화로 사용하였다. 그 이외에도 고려 왕조가 법화로 만들어 유통 보급한 소은병·쇄은 등은 비금속 화폐나 물품 화폐의 본위 화폐로서의 기능을 하였을 것이다.

은병 등 칭량 은화는 조선 왕조 초기에도 미나 포 등 물품 화폐와 함께 유통되었다. 그러나 조선 왕조는 명(明)의 과중한 금·은 세공(歲貢)을 면제받기 위해 외교를 추진하고 있던 15세기 초에는 은병의 사용을 금지하고, 금·은 세공을 면제받은 이후에는 칭량 금·은화의 국내외 유통 금지는 물론 금·은 생산을 통제하였다. 조선 전기에 들어와서 고

려 시대 이래로 유통된 법화화한 은병 등의 유통 체제가 명에 대한 금
은 세공 면제 외교라고 하는 화폐 정책 외적인 외교적 조치로 중단되기
에 이르렀던 것이다. 이같이 칭량 금·은화의 유통을 금지하고 그 생산
을 통제한 사실은 조선 전기 화폐 유통 정책의 중요한 실패 원인이 되
었다.

그러다가 16세기 말 왜란중에 명군(明軍)이 다량의 칭량 은화를 가
져와 군비로 사용하였다. 이것은 조선 왕조 초기 이래로 통제되었던
은광 개발을 활성화시키는 동시에 금지되었던 칭량 은화의 유통을 허
용하는 계기가 되었다. 이로써 칭량 은화는 공·사 유통계에서 활발히
유통되는 동시에 국제 무역 결제 수단으로 사용되는 한편, 조선 후기
주조 유통된 동전의 유통 가치를 결정하는 척도가 되는 등 본위 화폐
로서의 기능을 수행하여 동전의 유통 보급 내지 화폐 경제 확대 발전
의 기반 형성에 기여하였다.

3. 화폐 유통 중단 원인

　　고려 말의 혼란 속에서 세워진 조선 왕조는 새로운 통치 체제를 정비하여 다방면에 걸쳐 많은 발전을 이룩하였다. 조선 왕조는 이전보다 중앙집권적인 통치 제도를 확립하는 과정에서 물품 화폐보다는 명목 화폐 제도를 실시하고자 노력을 기울였다. 이러한 시도로 태종대에는 저화제를 실시하였고, 세종대에는 조선통보를 발행하였으며, 세조대에는 전폐의 주조 유통을 시도하였다. 그러나 이러한 노력에도 불구하고 조선 전기에 명목 화폐를 유통시키기 위해 추진한 화폐 정책은 고려 시대와 마찬가지로 실패하였다. 그 원인은 대개 다음과 같다.

　　첫째, 조선 왕조의 무본억말책(務本抑末策)과 폐쇄적 대외 관계는 사회 제생산과 상품 교환 경제의 발전을 위축시켜 저화나 동전 등 명목 화폐를 저항 없이 수용하는 데 적지 않은 한계점으로 작용하였다. 즉 물물 교환 내지 물품 화폐가 지배하는 조선 전기 사회는 사회 경제적 여건이 명목 화폐를 수용하기에는 미비하였다.

　　둘째, 저화나 동전의 원료인 저지(楮紙) 및 동(銅)이 거의 만성적으로 부족했다는 사실은 명목 화폐 유통 정책이 실패하지 않을 수 없는 중요한 원인의 하나가 되었다.

　　셋째, 조선 왕조 초기부터 상품 교환 경제 내지 화폐 경제의 발전 과정에서 필요한 칭량 금·은화의 유통을 금지하는 한편, 금·은광의 개발을 통제한 것은 저화나 동전의 유통 정책이 실패한 중요한 원인이 되었다.

넷째, 조선 전기 화폐 유통 정책 실패의 한 원인으로서 운수 교통이 불편하다는 점과 화폐 제조 기술이 미숙하고 기술 인력 동원이 어려웠다는 사실을 들 수 있다.

다섯째, 조선 전기 화폐 유통 정책이 실패한 가장 중요한 원인 중 하나를 화폐 유통 정책 자체가 지닌 모순성과 운용의 불합리성에서 찾을 수 있다. 예를 들면 중국의 선진 화폐 제도 내지 화폐 정책을 자기 중심적으로 국내 현실에 맞게 운용하지 못하고 중국의 그것을 수용하는 데 집착한 점, 화폐 수용력이 큰 지역으로부터 화폐를 점진적으로 유통 보급시켜 나가지 않고 처음부터 서울과 지방 등 광범한 지역을 유통 보급 대상지로 삼았다는 점, 국가 경제 발전을 증진시키기보다는 재정 조달을 목적으로 한 점, 왕조 당로자들의 화폐 가치에 대한 인식 수준이 낮았거나 명목 화폐를 수용할 사회 경제적 잠재력에 대한 평가 인식이 미숙한 점 등을 들 수 있다.

4. 역사적 의의

조선 전기에 추진한 명목 화폐 유통 정책이 비록 실패했다 할지라도 역사적 의의는 적지 않았던 것으로 보인다.

한국 화폐사 발달 과정에서 볼 때, 국가가 미나 포 등 물품 화폐 및 칭량 금 · 은화 유통 체제를 극복하고 품질 · 체재 · 무게 등을 일정하게 규격화한 명목 화폐를 법화로 주조 유통하려 한 것은 10세기 말 철전을 주조 유통했던 사실에서 비롯된다. 이때부터 명목 화폐를 유통 보급하려는 화폐 유통 정책은 본질적인 변화 없이 고려 시대와 조선 전기를 거쳐 조선 후기 동전을 법화로 주조 유통하기 이전까지 시행착오를 거듭하면서 시행되었다. 다시 말해서 조선 전기는 명목 화폐 도입 시도기에 포괄된다는 점에서 고려 시대와 공통성을 갖는다.

그러나 조선 전기의 화폐 정책은 그 동안 보급을 시도한 여러 종류의 화폐 가운데 동전이 국내에 유통하기에 가장 적합한 화폐라는 점을 인식하는 계기가 되었다. 따라서 한국 화폐사 발전 과정에서 볼 때 고려 시대와 마찬가지로 명목 화폐 제도의 도입 시도기이지만 그 후반이라 할 수 있겠다. 화폐 유통 시도기의 후반에 축적된 명목 화폐 유통 정책에 대한 역사적 경험은 조선 후기에 동전을 법화로 유통시키기 위해 화폐 정책을 입안 · 시행하는 과정에서 활용되었다. 즉 조선 후기 동전의 유통 기반을 제시한 것이다.

IV

조선 후기 화폐사

– 화폐 경제 성장 발전기

화폐 유통 보급기에 있어서 화폐 가치 인식은 그 시대의 지배적 화폐관을 대표하는 것으로 보이는 유형원(柳馨遠, 1622~1673)의 화폐 가치 인식을 통해 짐작할 수 있다. 그는 화폐(동전)를 토지와 함께 국가 경제의 근본으로 보았고, 『반계수록(磻溪隨錄)』을 저술할 때 화폐가 국가 경제면에서 점하는 위치의 중요성을 천하의 대본이라 생각한 토지 다음에 두었다.

상평통보형 열쇠패 쇳대박물관 소장

1. 화폐 경제 발전 배경

　　조선 왕조는 왜란 이후 명목 화폐를 필요로 하는 사회 경제적 발전에 대응하는 한편, 국가 경제 재건책의 일환으로 동전을 법화로 유통 보급하기 위해 화폐 정책을 적극 추진하였다. 그 같은 화폐 정책을 적극 추진하게 된 동기 내지 배경은 다음과 같다.

　　첫째, 고려 시대나 조선 전기에 철전 · 동전 · 칭량 은화 및 저화 등 각종 화폐를 유통시키려 했던 사실들은 조선 왕조가 17세기 초부터 동전을 법화로 유통 보급하게 된 역사적 배경이 되었다.

　　둘째, 토지 제도의 문란으로 토지 겸병 내지 토지의 상품화가 촉진되어 토지 광점(廣占)과 대토지 경영의 가능성이 증대되고, 영리 위주의 상업적 농경이 보급되었다.

　　셋째, 특히 17세기 후반부터 국내 상업 발달과 상호 보완 관계를 가지며 농업 · 수공업 · 광업 분야의 생산력 발전은 상품 화폐 경제의 발달을 촉진하였다.

　　넷째, 왜란을 전후해 급진전된 사회 신분 질서의 변동은 그것과 밀접한 관계를 맺고 있는 전통적 생업관(生業觀: 사 · 농 · 공 · 상)의 변질을 초래하였다. 또한 취약한 농업 중심 경제 체제의 보완을 위해 부분적으로 상공업 진흥의 필요성이 강조되기도 하였다.

　　다섯째, 양란(왜란과 호란)을 겪고 난 이후의 인구 급증 현상은 봉건 사회의 제반 생산력을 증진시키는 동시에 증가된 인구를 수용할 새로운 생산 양식의 모색을 요구하였다.

여섯째, 상품 화폐 경제 발달을 전제로 실시된 대동법이 확대 시행됨에 따라 조세 체계가 단순 · 합리화되는 동시에 봉건 조선 사회의 상품 생산 내지 화폐 경제의 발달이 촉진되었다.

일곱째, 양란 이후 청 · 일과의 비교적 활발한 무역 활동은 국내 제반 생산력을 증진시키는 동시에 상품 화폐 경제의 발전을 자극하였다. 뿐만 아니라 일찍부터 화폐 경제가 발달한 중국으로부터 받은 화폐 유통에 대한 자극은 왕조 당로자들을 비롯한 지식 계층의 화폐 유통에 대한 관심을 증대시켰다.

여덟째, 양란 이후 성리학을 지배 원리로 하는 봉건 조선 사회의 전통 · 의리 · 명분을 중요시하는 윤리 지향적 가치 체계가 당시의 사회 · 사상적 혼돈에 대한 자각적 반성과 청의 고증학과 서양 과학 문명의 영향을 받아 실용 · 실제성과 객관 · 합리성을 중요시하는 논리 지향적 가치 체계로의 전환이 촉진되었다. 이 같은 가치 체계의 전환을 배경으로 새로운 사회 사조로서의 실학이 학문적 체계를 이루었다.

아홉째, 당시 화폐 기능을 담당하던 추포(麤布)가 만성적 물가 상승을 가져오는 등 유통 경제의 발달에 장애 요인으로 작용하였다. 그리고 왜란을 계기로 국내에 유통되기 시작한 칭량 은화가 17세기 후반에는 대소 상품 물화의 교역에도 사용될 정도로 확대되었다. 그러나 칭량 은화는 국내의 생산량이 부족하여 수입에 의존하였고, 지방 장시(場市)에서는 사용되기 어려운 점이 많았다. 이처럼 추포와 칭량 은화의 화폐 기능이 한계점에 다다름에 따라 동전의 주조 유통이 논의 · 시행될 수밖에 없었다.

양란 이후 상품 화폐 경제 내지 사회 경제의 발전이 급진전되는 동

행상 김홍도, 조선 시대, 국립중앙박물관 소장

시에 유통계를 지배하던 미·포 등 물품 화폐와 칭량 은화가 한계를
드러내는 등 명목 화폐로서 동전 유통의 필요성이 절실해졌다. 조선
왕조는 명목 화폐의 유통을 필요로 하는 사회 경제적 요청에 부응하는
한편 응급한 재정 수요를 충족시킴으로써 전란으로 파탄에 직면한 국
가 경제를 재건하기 위해 동전을 법화로 주조 유통하였다.

십전통보 1651년(효종 2) 김육(金堉)의 건의에 따라 '석(錫)'을 주원료로 하는 '십전통보'의 주조 유통을 결정하고, 개성 지방 민간인에게 십전통보의 사주(私鑄)를 허가해 주었다. 십전통보는 한국 화폐 사상 처음 주조 유통한 고액전으로 소액전 10문(文)과 대등한 가치로 유통된 것으로 보인다. 김육이 십전통보와 같은 고액전의 주조 유통을 제의하게 된 주요 동기는 화폐 원료 공급난을 극복하고 보다 많은 유통 가치를 조성하는 데 있었다. 또한, 민간인에게 화폐 주조를 허가한 것도 국고 부담 없이 보다 많은 동전을 주조 유통시키기 위한 파격적인 조치였다고 생각한다.

2. 화폐 유통 보급

화폐 가치 인식

화폐 유통 보급기에 있어서 화폐 가치 인식은 그 시대의 지배적 화폐관을 대표하는 것으로 보이는 유형원(柳馨遠, 1622~1673)의 화폐 가치 인식을 통해 짐작할 수 있다. 그는 화폐(동전)를 토지와 함께 국가 경제의 근본으로 보았고, 『반계수록(磻溪隨錄)』을 저술할 때 화폐가 국가 경제면에서 점하는 위치의 중요성을 천하의 대본이라 생각한 토지 다음에 두었다.

그가 화폐 유통의 중요성을 강조한 이유는 "전화(동전)는 나라의 재용을 돕고 백성의 생활을 넉넉하게 하는 소이(所以)인데 나라를 보유함에 있어서 반드시 통용되어야 할 것인데 이 어찌 제도의 결함이 아니냐······"고 한 데서 단적으로 나타나 있다.

이 같은 유형원의 화폐관은 대체로 김육(金堉)을 비롯한 각 계층의 대다수 사람들의 화폐관과 일맥상통하고 있다. 그리하여 화폐 유통 보급기에 동전을 법화로 유통 보급시키고자 한 중요한 동기가 직접적으로는 응급한 국가 재정을 조달하고 간접적으로는 사회 생산력과 상품 화폐 경제를 증진하려는 데 있었다.

동전의 주조

조선 왕조는 17세기 초부터 동전을 법화로 유통 보급하기 위해 화폐 정책을 적극 추진하였다. 양 난을 겪으면서 명목 화폐 유통의 필요성이 절실해진 상황하에서 조선 전기에 시행착오를 거듭해서 얻은 결과 여러 종류의 명목 화폐 중에서 동전이 가장 적합하다는 결론을 내리고 동전의 주조 유통을 위해 힘썼다.

화폐 정책 시행 초기에는 조선 전기에 주조되었던 조선통보를 우선 유통시켰다. 그러나 화폐 유통 정책을 보다 적극적으로 추진하기 위해서는 다량의 동전이 필요하였다. 그리하여 1620년대부터 1650년대 말까지는 별도로 주전청(鑄錢廳)을 설치하고 동전을 주조하거나 중앙 관서 및 군영에서는 물론 개성 · 수원 · 안동 등 각 지방 관청에서도 동전을 주조하였다. 그리고 중국 동전을 수입하기도 하였다. 즉 화폐 유통 보급기 전반(17세기 초~50년대 말)에는 중국의 만력통보를 본뜬 팔분서체 조선통보와 십전통보(十錢通寶)를 주조 유통시켰을 뿐만 아니라 조선 전기에 중국의 개원통보를 본따 주조한 해서체(楷書體) 조선통보 및 중국 동전 등 여러 종류의 동전을 유통시켰다.

그리고 화폐 유통 보급기 후반(17세기 60년대 초~90년대 말)에는 1650년대 말 중단되었던 동전 유통 정책을 1678년(숙종 4) 다시 시행하여 상평통보를 주조 유통하였다. 이후 상평통보는 유일한 법화로서 필요할 때마다 각 중앙 관서 · 군영 및 지방 관청에서 주조되었다. 즉 화폐 유통 보급기의 전반보다 국가의 통제력이 강화된 상황하에서 민간인에 의한 동전의 사주가 금지된 것이다. 화폐 유통 보급기의 후반에는 동전 주조 관리 체계의 정비 강화를 통해 그 전반기에 비해 화폐

상평통보 국립청주박물관 소장

상평통보는 『조선왕조실록』을 비롯한 관찬(官撰) 기록에는 동전(銅錢)이라 했고, 또는 엽전(葉錢)으로 속칭되기도 하였다. 상평통보는 1678년부터 조선 왕조의 유일한 법화로서 채택, 주조 유통되기 시작하여 조선 말기까지 사용된 전근대적 명목 화폐이다. 이 시기에 상평통보가 주조 유통된 까닭은 상업의 발달과 대동법의 실시, 생산의 증가 등으로 금속 화폐가 필요하였기 때문이다. 이처럼 상평통보가 주조 유통됨으로써 상품의 매매, 임금의 지불, 세금의 납부 등이 점차 화폐로 행해지게 되었다.

정책이 재정비되었다는 사실을 짐작할 수 있다.

한편, 화폐 유통 보급기에는 동을 주종으로 하는 화폐 원료의 공급이 거의 일본 동의 수입에 의존하였다. 특히 17세기 70년대 말에 상평통보가 주조 유통되기 시작하여 그 90년대에 이르는 시기에 일본 동이 다량으로 수입되어 화폐 원료에 충당됨으로써 동전이 법화로서 유통 기반을 이룩하는 데 크게 기여하였다.

상평통보는 크게 당일전·당오전·당백전 등으로 나눌 수 있다. 상평통보는 주조될 당시부터 여러 곳에서 주조되었으므로 그 크기나 모양에 있어서 적지 않은 차이가 있었다. 또한 상평통보의 무게는 2전(錢) 5푼(分)을 원칙으로 했으나 그 원료인 동의 공급난이 주요 원인이 되어 2전→1전 7푼→1전 2푼으로 줄어들었다. 흔히 고액전인 당백전을 주조하기 이전에 당일전과 당이전이 주조 유통되었다고 한다. 그러나 조선 후기 실학자 박지원(朴趾源, 1737~1805)이 크기가 작은 동전은 당일전으로 통용하되 큰 것은 액면 가치를 당이전으로 높여 통용할 것을 제의했던 사실 등을 참고하면 그 이전에 주조 유통된 동전이 당일전과 당이전으로 구분되지 않았다는 사실을 알 수 있다. 따라서 상평통보는 19세기 후반 당오전·당백전 등과 같은 고액전이 주조 유통되기 이전까지는 당일전만이 주조 유통되었다고 봐야 할 것이다.

동전 유통 정책

화폐 유통 보급기에는 국가의 화폐 정책이 여러 가지 방법을 통해 동전을 공사 유통계에 확대 보급하려는 데 역점을 두고 추진되었다. 우선, 화폐 유통 문제를 중요한 정책적 과제로 생각하고

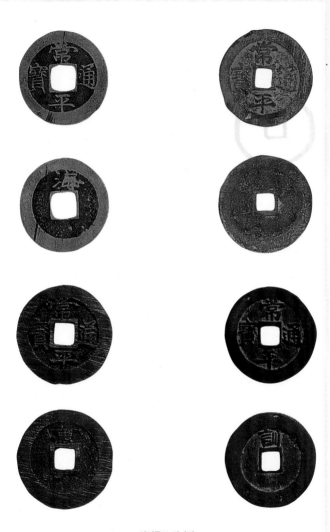

상평통보 단자전

상평통보 당일전

국가가 주조 발행한 동전은 계속 통용되리라는 점을 일반 대중에게 강조하여 화폐 정책에 대한 민중의 불신감을 해소시키고자 하였다. 대소 상거래에 동전을 사용케 함으로써 화폐 유통의 경제적 가치를 인식시키며 국가의 수입 지출을 점차 화폐화함으로써 민중의 화폐 가치에 대한 인식을 심화시켰다. 또한 중앙에서 관리를 파견하거나 해당 지방 관리로 하여금 동전 유통 보급 과정을 감독케 하고, 추포와 같은 물품 화폐의 유통을 금지하거나 칭량 은화의 사용을 억제함으로써 동전의 유통 지역을 확대하고자 하였다.

이와 같은 화폐 정책은 화폐 유통 보급기 전반에는 정묘 · 병자호란 등 외침(外侵), 사회 경제적 미숙, 화폐 원료의 공급난 및 화폐 정책의 불합리성 등이 직접 · 간접적 원인이 되어 여러 차례에 걸쳐 중단되기도 하였다. 그럼에도 불구하고 17세기 40년대에는 국내외의 상업이 발달한 개성을 중심으로 한 인근 지방에서 동전이 원활히 유통되었고, 50년대에는 평안도 일부 지역에서도 동전이 유통되었다. 그리고 화폐 유통 보급기를 일관해서 여러 가지 방법을 통해 동전을 유통시킴으로써 17세기 70년대 말부터는 계속해서 유통 보급되어 그 90년대 말에는 국가의 유일한 법화로서 유통 기반을 이룩하게 되었다.

즉 종래와는 달리 동전 주조를 호조 등 중앙 관청에서 집중적으로 관리 감독하려 하는 등 동전 주조 관리 체계의 철저화 내지 합리화를 시도하였다. 그리고 '화권재상'이란 정치 이념에 따른 중앙집중적 화폐 정책 운용 방침은 동전의 유통 보급에 역점을 두었던 종래와는 달리 화폐 유통량을 적절히 조절하는 방향으로 전환되었다.

혼수용 엽전 열쇠패 쇳대박물관 소장

3. 화폐 유통에 대한 반동

화폐 가치 인식

화폐 유통 보급기에 동전이 법화로서 유통 기반을 이룩하고 화폐 유통에 대한 반동기에 들어서서도 동전의 유통 지역은 전국 각 지방으로 확대되었으며, 동전에 대한 각 계층의 가치 인식도 심화되었다. 화폐 유통에 대한 반동기에 동전의 유통 보급으로 화폐 경제가 발전됨에 따라 조선 사회의 성리학 중심 가치 체계와 농업 중심 생산 양식 등 제반 봉건 사회 질서의 해체가 촉진되었다. 즉 화폐 경제의 발전으로 농업 · 광업 · 수공업의 생산력 증진, 상품 화폐 경제의 발달과 농민의 토지 이탈, 고리대업의 성행과 농촌 사회의 분화, 도적의 횡행과 사회 불안, 지방관의 탐학과 농민의 궁핍화, 소비 사치 성향과 투기 사행심의 조장, 사회 재부의 편중화 경향과 전통적 사회 경제 윤리의 변질, 사회 위신 척도의 변화와 가정 윤리의 변화 등 봉건 조선 사회의 해체 내지 근대 지향이 촉진되었다.

따라서 화폐 유통에 대한 반동기에는 동전 유통을 비판 내지 부정적으로 인식하는 화폐 가치관이 지배적이었다. 그 대표적인 예로서 이익(李瀷, 1681~1763)의 화폐관을 들 수 있다. 그는 상품 교환 매개로서의 화폐, 특히 동전의 기능 내지 그 가치를 원칙론적으로 부정하지는 않았다. 그러나 국토가 좁아서 재화의 운반에 큰 어려움이 없고 또한 밭 갈아 먹고 길쌈해서 입는 자급자족적 농경 사회에서 동전 유통은 필요하지 않다고 하였다. 그 당시의 유통계 또는 사회경제적 여건에서 볼 때 동전의 유통은 백해무일익(百害無一益)하며 그 폐해는 일일이 지적할 수 없으리만큼 많다고 하여 동전의 유통 금지를 주장하였다.

동전 유통 금지 시도

화폐 유통에 대한 반동기에는 동전의 유통을 금지하자는 주장이 각 계층으로부터 나왔는데 그 대표적 인물이 국왕 영조다. 그는 1724년 즉위하고부터 봉건 사회 질서의 혼돈과 문란에 대한 철저한 반동으로 제반 국가 정책을 전통 질서로의 복귀 내지 현상을 유지하는 방향으로 추진하였다. 영조는 전통 질서의 해체 요인인 동전 유통을 금지하기 위해 일련의 조치를 취했다. 제1차적 조치로서 동전의 계속적인 주조 유통을 억제하고, 2차적으로 동전을 사사로운 거래에만 사용하게 하는 등 그 유통 범위를 제한하는 조치를 취했다. 그리고 저화나 상목(常木)을 동전에 대신하여 법화로 채택, 사용하려 하는 등 화폐 제도의 개혁을 시도하기도 하였다.

한편 화폐 유통에 대한 반동기의 원료 공급은 유통 보급기에 그랬듯이 국내 동광 개발이 부진하여 거의 전적으로 일본 동의 수입에 의존하는 형편이었다. 그런데 이 시기에는 이전과 달리 일본 동의 수입량이 격감하여, 원료 공급난이 심각하였다. 이는 그 당시 화폐 정책 운용이나 화폐 경제 발전에 부정적 영향을 준 직접적이고도 중요한 원인이 되었다.

동전 주조 재개

봉건 조선 왕조의 동전 유통 금지 시도는 1742년(영조 18)에 동전을 대대적으로 주조하지 않을 수 없게 됨으로써 좌절되었다. 동전 유통 금지 시도가 좌절하게 된 중요한 이유는 그 당시의 사회 경제 발전이 동전 즉 명목 화폐의 유통 자체를 부정할 수 없는 단계에 이르렀다는 점에 있었다. 그리고 조선 왕조가 동전을 계속 주조 유통하지 않음으로써 일반 유통계에 만성적으로 나타난 전황(錢荒)이 동전 유통 보급으로 촉진된 조선 사회의 해체 과정을 가속화시켰다. 또한 한·수해로 국가 재정 수요가 급증하였기 때문에 전황을 극복하고 응급한 국가 재정을 조달하기 위해 동전을 주조하지 않을 수 없었다.

이 같은 사실은 급격한 봉건 사회의 해체 내지 근대 지향을 촉진하는 화폐 경제 발전이 조선 왕조의 보수적 반동을 극복한 것을 의미하는 것으로도 이해할 수 있다. 그러나 화폐 유통에 대한 반동기에 있어서 동전 유통을 금지하려 하는 등, 봉건 조선 왕조의 보수적 반동이 그 당시 자연스러운 화폐 경제의 발전 추세를 둔화 내지 제약한 사실만은 부인할 수 없다.

부채형 상평 열쇠패 쇳대박물관 소장

4. 화폐 경제 확대 발전

화폐 경제의 확대 발전기는 120여 년간에 걸친 시기로서 전·후반기로 나누어 살펴보는 것이 편리할 것 같다. 이 시기는 대체로 국가 재정과 국민 생활을 안정·증진시키는 데 있어 화폐 유통의 중요성을 인정하고, 극히 합리적이며 실제적으로 화폐 가치를 인식하였다.

화폐 경제 확대 발전기 전반

화폐 경제 확대 발전기 전반은 18세기 40년대부터 18세기 말에 이르는 시기로서 대개 영·정조대를 포괄하는 시기에 해당한다. 이 시기의 제반 국가 정책의 주요 목표는 왕권 강화 등 중앙집권적 지배 체제를 재정비 강화하는 데 있었다. 또한 수공업·농업·광업 생산이 발전되는 등 제반 사회 생산력이 증진되었으며, 이와 상호 보완 관계에 있는 상품 화폐 경제의 발전으로 봉건 조선 사회의 해체 내지 근대 지향은 촉진되었다. 그리고 전성기의 실학 사상에서 특히 강조된 이용후생론의 실천 방법론으로서 북학론이 제고되고 있었다.

대체로 이와 같은 시대 성격을 가진 화폐 경제 확대 발전기 전반의 화폐 정책은 동전의 유통 금지를 시도한 그 이전과 달리 동전을 법화로 사용하는 것을 전제로 하고 화폐 원료난을 해소, 화폐 정책 내지 화폐 제도의 개혁을 통해 화폐 유통 구조를 개선하는 데 주요 목표를 두었다.

봉건 조선 왕조는 동전의 품질과 체재를 엄격히 규제하고 동전의 주조 유통량을 철저하게 통제하는 한편, 그것의 불법 주조를 엄중히 다스렸다. 또한 중앙집권적 조선 왕조가 전통적으로 강조한 화권재상의 정치 이념에 따라서 동전 주조 사업을 중앙에서 집중적으로 관리 운용하는 등 화폐 정책의 개선 내지 합리화를 시도하였다.

그리고 철전 · 칭량 은화 및 각종의 고액전을 주조하여 동전과 병용하는 화폐 제도의 개혁을 모색하였다. 동전과 원료를 달리하는 철전이나 칭량 은화 또는 각종 고액전을 주조 유통하려 한 것은 화폐 원료난이 중요한 원인이 되어 유통계에 일어난 화폐 유통량 부족 현상, 즉 전황을 해소 · 극복하려는 데 주요 목적이 있었다.

화폐 경제 확대 발전기의 전반에 일반 유통계에 일어난 전황은 화폐 경제의 원활한 발전을 저해하고 또한 동전의 유통 보급으로 촉진된 봉건 사회의 해체를 가속시킨 중요한 원인이 되었다. 그리하여 이 시기의 화폐 정책이 동전 유통을 전제로 하고 화폐 유통 구조를 개선하는 데 역점을 두고 있었다면, 화폐 유통에 대한 반동기로부터 유통계에 나타나기 시작한 전황 문제는 화폐 유통 구조를 개선하는 데 있어서 극복되어야 할 선결 과제였다.

조선 왕조는 그 당시 전황을 해소 극복하기 위해 여러 가지 방안을 모색하였으나 그중에서 가급적 다량의 화폐 원료를 확보하여 동전을 계속적으로 주조 발행하는 것이 가장 합리적이고 실제적 방안이라고 생각하였다. 그리하여 보다 많은 화폐 원료를 확보하기 위해 일본 동의 수입에만 의존하지 않고 국내 동광의 개발을 적극 시도하는 동시에 '2전 5푼'을 원칙으로 하는 동전 1문의 무게를 '1전 2푼'으로 줄였다. 한편, 한정된 화폐 원료를 보다 효율적으로 사용하기 위해 동전 주조 사업을 호조가 전관(專管)하고 매년 일정량의 동전을 주조 유통하려 하는 등 동전의 주조 발행을 합리적으로 관리하고자 하였다. 이 같은 정책적 시도로 화폐 경제 확대 발전기의 전반에 있어서 화폐 유통량 부족 현상이 상당히 해소되어 화폐 경제는 지속적으로 확대 발전될 수 있었다.

이 시기에 동전의 주조 유통량이 기록에 나타나 있는 것만도 3백2만 냥에 달했음에도 일반 유통계에서 전황이 계속되었다는 사실은 곧 화폐 경제가 지속적으로 확대 발전되고 있었음을 의미한다고 볼 수 있다. 그리고 동전 1문의 무게가 '2전 5푼'에서 '1전 2푼'으로 절반 이상 줄었음에도 계속 통용될 수 있었다는 사실은 실용 가치 중심의 화폐 가치관이 명목 가치 중심으로 전환되는 과정에서 나타나는 주목할 만한 진보적 변화로 이해될 수 있다.

화폐 경제 확대 발전기 후반

화폐 경제 확대 발전기의 후반은 19세기 초부터 그 60년대에 이르는 시기에 해당된다. 이 시기에는 봉건 조선 사회의 정치적 부패, 경제적 파탄, 사회사상적 불안과 동요가 두드러지게 나타났다. 왕권 내지 중앙집권적 지배 체제가 약화된 상황, 즉 세도 정치하의 중앙 관료 및 지방 관리의 부정부패, 삼정 문란으로 말미암은 국가 재정의 고갈과 민중 생활의 궁핍화, 각 지방에서 일어난 민란과 천주교의 침투 보급 등 일련의 사회 현실이 바로 그것이었다. 여기에 서세동점(西勢東漸) 추세에 따른 자본주의 제국의 침략 위협까지 겹쳐서 봉건 조선 사회는 국내외로 큰 어려움에 직면하였다. 이 같은 시대를 배경으로 한 화폐 경제 확대 발전기의 후반에는 국가의 화폐 정책 운용과 유통 경제면에 주목할 진보적 변화가 일어났다.

19세기 초부터는 화권재상이란 전통적 정치 이념에 따라서 호조에서 집중적으로 관리 운용하던 동전 주조 사업을, 보다 다량의 동전을 주조해야 한다는 실리 위주의 가치 판단에서 중앙 관청 및 지방 관청이나 군영에서도 개설하게 되었다. 더구나 19세기 50년대에는 국고 전담으로 국가에서 관리 운용하는 것을 원칙으로 하는 동전 주조 사업을 더 많은 수익을 취할 수 있다는 점을 이유로 부상대고 등 민간인에게 도급해 줄 정도로 관리 체계가 변질되었다. 즉 민간인 자본주가 배타적인 특권 관영 수공업인 동전 주조 사업을 도급받아 공장제 수공업 체제로 관리 운용하였고, 여기서 근대 자본주의 맹아가 확인되었던 것이다.

한편 화폐 경제 확대 발전기의 후반에는 봉건 조선 왕조의 중앙집권적 지배 체제가 약화되었기 때문에 광업 개발에 가해졌던 통제가 그 전반보다 이완되어 국내의 유수한 갑산동광(甲山銅鑛)의 개발이 비교적 활발해지는 동시에 일본 동의 수입량도 증대되어 원료난이 상당히 해소되었다. 이같이 이 시기에는 화폐 원료난이 어느 정도 해소되고 민간인의 도급주전제를 활용함으로써 기록에 나타난 것만도 5백여 만 냥에 달하는 다량의 동전을 집중적으로 주조하였다. 그리하여 일반 유통계에 만성적으로 나타나던 화폐 유통량 부족 현상도 상당히 해소됨으로써 화폐 경제가 그 전반에 비해 활기를 띠고 확대 발전되었던 것으로 보인다. 즉 왕권 강화 등 중앙집권적 지배 체제가 강화되었던 화폐 경제 확대 발전기의 전반보다 오히려 그렇지 못했던 후반에 화폐 경제 발전은 원활해지기에 이르렀다는 것이다.

　이상과 같은 그 후반기의 화폐 경제 발전 내지 사회 경제 발전을 배경으로 하여 19세기 50년대 말에 전조(田租)의 전면적 금납화를 시도하게 되었고, 관료학자 서영보(徐榮輔, 1759~1816)와 실학자 정약용(丁若鏞, 1762~1836)은 개화기의 화폐 제도 개혁론에 연결되는 것으로 보이는 수준 높은 근대 지향적 화폐 제도 개혁론을 구상·제시하였다.

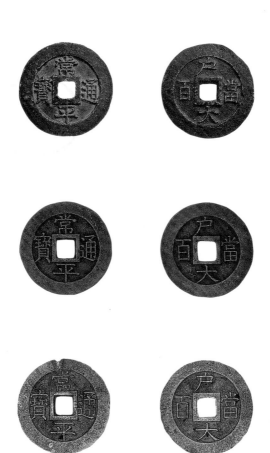

당백전 1866년(고종 3년)에서 1867년까지 대원군의 주도로 만들어진 동전이다. 이 동전은 약 6개월 동안 1천6백만 냥이 주조되었으며, 실질적인 가치보다 명목적인 가치가 훨씬 높았기 때문에 민간에서 몰래 만들어지기도 하였다.

5. 화폐 경제의 혼란

당백전 주조 유통

화폐 경제의 혼란기는 엄격히 말해서 1866년(고종 3)에 악화(惡貨) 당백전(當百錢)을 주조 유통하면서부터 근대 은본위 제도를 수용하는 '신식화폐발행장정(新式貨幣發行章程)'이 공포 시행된 1894년(고종 31)에 이르는 시기에 해당한다. 흥선 대원군은 봉건 조선 왕조가 국내외로 심각한 위기에 직면한 19세기 60년대에 집권하였다. 그는 중앙집권적 지배 체제를 재정비 강화하기 위해 안으로 서정(庶政)을 개혁하는 데 과감했고 밖으로 쇄국 정책을 강행하였다. 보수 지향적인 대원군 집권기의 제반 국가 정책 성향은 그 시대의 화폐 정책에서도 반영되었다.

대원군은 집권 초기부터 함경도 감영에 개설되었던 동전 주조 사업을 중단시키는 동시에 동전 원료를 공급하던 갑산동광을 폐쇄하는 등 화폐 경제 확대 발전기 후반의 화폐 정책을 철저히 부정하는 과감한 조치를 취하였다. 뒤이어 1866년부터는 중앙집권적 지배 체제를 재정비 강화하는 데 소요되는 거액의 재정 수요를 충당하기 위해 악화 당백전을 주조 유통하였다. 당백전을 만들자는 주장은 그 이전부터 꾸준히 있었다. 그런데 이 시기에 당백전을 만든 까닭은 경복궁을 건립하는 데 소요되는 막대한 비용을 조달하고 당시의 어려운 국가 재정을 보충하기 위해서였다. 당백전 발행으로 거액의 수익을 얻음으로써 시급한 재정 수요는 충당할 수 있었으나 점차 당백전의 가치가 하락하고 물가가 크게 올라감에 따라 국민의 생활에 막대한 타격을 주게 되었다. 즉 사농공상(士農工商) 등 어느 계층을 막론하고 극도의 궁핍에 빠져 자살을 기도하는 사람이 생길 정도로 심각한 상황에 이르렀다.

악화 당백전의 남발은 상평통보 유통 체제인 전근대적 화폐 제도가 문란해지는 결정적 계기, 즉 봉건 조선 시대의 화폐 제도가 문란해지는 발단이 되었다. 또한 당백전 남발로 화폐 경제 확대 발전기 후반에 나타났던 발전적 전망도 흐려지기에 이르렀다.

중국 동전 수입 유통

악화 당백전의 남발로 발단된 화폐 제도 내지 화폐 경제의 혼란은 1867년(고종 4)부터 당백전 유통 금지에 대한 대응책으로서 역시 악화인 중국 동전 3~4백만 냥을 수입 유통시킴으로써 더욱 심각해졌다.

당오전 · 평양전 주조 유통

1883년(고종 20)에는 악화 당오전(當五錢)을 남발하고 1892년(고종 29)에는 평양전(平壤錢)이라고 불리는 악화 상평통보를 남발함으로써 19세기 60년대부터 90년대에 이르는 화폐 제도 내지 유통 경제면에 나타난 혼란은 한층 더 심각해졌다.

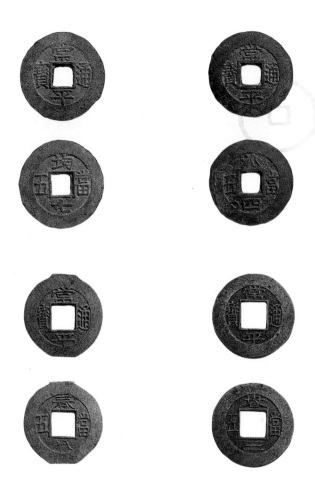

당오전

마제은

외국 화폐 유입

　　봉건 조선 왕조는 악화 당백전의 남발로 발단되고 악화 중국 동전의 수입 유통으로 한층 심각해진 화폐 경제의 혼란을 주체적으로 수습하지 못한 채 개항을 맞게 되었다. 개항으로 폐쇄적인 조선 사회가 개방 체제로 급격히 전환되는 과정에서 선진 여러 나라의 근대 화폐와 접촉을 가지게 되었다. 이미 국내의 화폐 경제가 혼란에 빠진 상황하에서 일본 화폐, 중국의 마제은(馬蹄銀), 멕시코 은화, 러시아의 루블 은화 등 여러 종류의 외국 화폐가 유입 통용됨으로써 당시 화폐 경제는 더욱 혼란한 상황에 이르렀다.

　그러나 이것은 가치가 안정되고 운반이 편리하여 체제가 통일된 근대 화폐의 우수성을 실감하는 한편, 가치 변동이 심하고 운반이 불편하며 체제가 통일되지 못한 상평통보의 취약성을 실제적으로 파악할 수 있는 계기가 되었다. 조선 왕조는 일찍부터 제시한 국내의 근대 지향적 화폐 제도 개혁론들을 참고하여 전근대적 상평통보 유통 체제를 개혁하고 근대 화폐 제도를 수용함으로써 화폐 경제면에 나타난 혼란을 수습 정비하고자 하였다.

은화

루블화

청동화   황동화

알루미늄화

6. 역사적 의의

　　한국 화폐사 발전 과정에서 볼 때 고려 시대와 조선 전기를 명목 화폐 제도의 도입 시도라고 한다면 조선 후기는 명목 화폐 제도의 성장 발전기로 볼 수 있다. 본격적인 명목 화폐의 유통은 조선 후기에 이르러 이루어졌다. 조선 왕조는 1678년 상평통보를 주조 유통하기 시작하였다. 비록 상평통보 이전에 조선통보와 십전통보가 주조되었지만, 본격적인 유통은 상평통보 주조 이후부터였다. 그 후 상평통보는 조선 말기까지 약 2세기 동안 전국적으로 유통되었다. 이처럼 상평통보가 유통된 것은 17세기부터 생산이 증가되고 상공업이 발달하였으며, 조선 왕조 역시 국가 재정을 확대할 필요가 있었기 때문이다. 명목 화폐인 상평통보가 널리 보급됨에 따라서, 다음과 같이 봉건 사회의 중세적 생산 양식과 가치 체계의 해체가 촉진되었다.

　　첫째, 동전의 유통 보급으로 국내외의 상업 발달 내지 화폐 자본화한 상업 자본의 성장이 촉진되고, 상업 자본이 산업 자본으로 전환될 가능성이 증대되었다.

　　둘째, 화폐 경제가 활성화됨에 따라 동을 비롯한 화폐 원료의 수요가 급증하여 화폐 원료의 공급을 목적으로 각 지방의 동광이 적극 개발되었는데, 동광 개발 경영에 민간인이 상업 자본과 고리대 자본을 투입하고 참여하는 등 자본주의 맹아가 엿보였다.

　　셋째, 화폐 경제가 활성화됨에 따라 화폐의 절대 수요량이 급증하여 대규

모적인 화폐 주조업을 빈번히 개설해야만 하였다. 따라서 화폐 주조업은 공장제 수공업 체제로 관리 경영되었고, 주조 기술의 정예도나 공정의 분업화면에 있어서는 물론, 규모와 개설 빈도에 있어서 당시 금속 수공업을 선도하는 위치에 있었다.

넷째, 화폐 자본화한 고리대 자본의 성장이 촉진되었고, 고리대 자본이 농촌 사회에 침투되자 농민의 몰락 내지 농촌 사회의 분화가 촉진되었다. 농촌 사회의 분화 과정에서 다수의 임노동자가 창출되었고, 특수 계층에 의해 광점(廣占)된 대토지는 농업 기업화의 전제가 되었으며, 보다 많은 이윤 추구를 위해 상업적 농경이 확대되었다.

다섯째, 중앙 정부와 지방 관청의 수입 지출에 있어서는 물론 노임 · 지대 등의 화폐화 비율이 높아지는 등 국가 재정의 관리 운용이나 민중의 경제 생활의 객관화 · 합리화 경향이 증진되었다.

여섯째, 화폐 경제의 확대 보급으로 촉진된 농촌 사회의 분화 과정에서 몰락 농민의 수는 급증하고, 이들의 일부는 도적 집단이나 반체제 활동에 참여하게 되었다.

일곱째, 화폐 경제의 확대 보급으로 일반 민중의 소비 · 사치 성향과 투기 · 사행심이 조장되고, 이로 말미암아 절약과 검약이 생활 미덕으로 강조되던 봉건적 경제 윤리의 변질이 촉진되었다.

여덟째, 화폐 경제가 가족 경제에 침윤됨에 따라 가족 구성원 각자는 이기적 타산에 보다 민감해지는 반면, 공동체 의식은 약화됨으로써 성리학적 가족 윤리에 기반을 둔 가부장적 대가족 제도의 와해가 촉진되었다.

장터길 김홍도, 조선 시대, 국립중앙박물관 소장

아홉째, 문벌이나 정치 권력 지향적이었던 봉건 사회의 전통적 사회 위신 척도가 재부(財富) 중심적인 것으로의 전환이 촉진되었다.

이와 같은 화폐 경제의 보급은 그 이전의 사회와는 다른 사회, 즉 근대로 이행하는 사회의 모습을 나타내는 것이며, 그러한 사회를 형성하는 요인으로 작용하였다. 이상에서 지적한 사실들로써 조선 후기, 특히 1670년대 말부터 점차 확대 보급된 화폐 경제의 발전은 봉건 사회의 중세적 생산 양식과 가치 체계의 해체 내지 근대 지향을 촉진한 중요한 역사적 요인이 되었다는 사실을 이해할 수 있다.

조선 말기 화폐사

– 근대 화폐 제도 수용기

조선 말기(1860~1900년대 초)는 한국 화폐사에서 근대 화폐 제도의 수용기라 할 수 있다. 조선 왕조가 근대 화폐 제도를 수용하게 된 이유는 악화 당백전의 남발로 종래의 전근대적 명목 화폐 제도가 문란해진 것이 계기가 되었다. 당백전은 폐쇄적인 중앙 집권적 조선 왕조가 대내외적으로 심각한 위기에 직면하자 이를 극복하기 위한 재원 확보책으로 주조되었다.

혼수용 열쇠패 쇳대박물관 소장

1. 근대 화폐 제도 수용 배경

조선 말기(1860~1900년대 초)는 한국 화폐사에서 근대 화폐 제도의 수용기라 할 수 있다. 조선 왕조가 근대 화폐 제도를 수용하게 된 이유는 악화 당백전의 남발로 종래의 전근대적 명목 화폐 제도가 문란해진 것이 계기가 되었다.

당백전은 폐쇄적인 중앙 집권적 조선 왕조가 대내외적으로 심각한 위기에 직면하자 이를 극복하기 위한 재원 확보책으로 주조되었다. 당백전의 남발은 직접적으로 전근대적 명목 화폐 제도의 혼란을 가져왔을 뿐만 아니라, 물가가 폭등하여 심각한 사회 경제적 모순과 폐단을 불러일으켰다. 따라서 사용한 지 2년만에 당백전의 유통을 금지하고, 그로 말미암아 초래된 거액의 재정 손실을 보전할 목적으로 역시 악화인 중국 동전 300~400만 냥을 수입하여 유통시켰다. 이와 같은 악화의 강제 유통으로 야기된 명목 화폐 제도의 혼란은 모든 봉건 국가 말기에 나타나는 현상과 본질적으로 성격을 같이하는 것이다.

악화 당백전의 남발로 야기된 화폐 경제의 문란을 주체적으로 수습 재정비하지 못한 채 조선은 개항을 맞게 되었고, 폐쇄적인 조선 사회가 개방 체제로 급격히 전환되는 과정에서 선진 여러 나라의 근대 화폐와 접촉을 가지게 되었다. 이로써 가치가 안정되고 운반이 편리하며 체제가 통일된 근대 화폐의 우수성을 실감하는 한편, 가치 변동이 심하고 운반이 불편하며 체제가 통일되지 못한 상평통보의 취약성을 실제적으로 파악하게 되었다. 이로써 조선 왕조는 전근대적 상평통보 유통 체제를 개혁, 근대 화폐 제도를 수용하고자 하였다.

먼저 유통 경제면에 나타난 혼란을 수습 정비하기 위해 19세기 80년 대에 독일로부터 근대 조폐 기술을 도입 활용하려고 하였다. 즉 당백 전 등의 유통으로 화폐 제도가 혼란에 빠지게 되자 체제와 품질이 통일되고 운반이 편리하며 가치가 안정된 근대 금 · 은본위 화폐 제도를 도입 실시하여 선진 여러 나라와의 통상 거래에서 초래되는 장애와 경제적 손실을 극복하고자 한 것이었다. 그러나 이 같은 조선 왕조의 시도는 근대 조폐 기술 도입에 필요한 재정적 뒷받침이 취약하고 왕조 당로자들 사이에 견해의 대립이 생기는 등, 여러 가지 원인으로 좌절되었다.

이처럼 화폐 제도의 근대화를 위한 정부 당국의 주체적 시도는 결국 중단되고, 1894년에 일본의 영향 밑에서 은본위제를 실시함으로써 화폐 제도의 근대화가 이루어졌다. 그리고 은본위 제도의 수용 과정에서 상평통보류의 전근대적 화폐는 발행이 중단되기에 이르렀다. 즉 은본위 제도의 수용은 화폐에 대한 지배권을 상실하게 되는 중요한 계기가 되었다. 조선 왕조는 이후 일본의 영향권으로 휩쓸려 들어가는 화폐권을 지키기 위해 기회 있을 때마다 자위적 조치를 취해 보았으나 국권이 상실되는 역사의 흐름 속에서 화폐권의 자주 독립성만 지켜질 수는 없었다.

2. 금 · 은본위 제도 도입 시도

　　　　　　조선 왕조는 근대 금 · 은본위 제도의 수용을 필요로 하
는 시대적 요청에 따라 우선 1882년(고종 19)에 대동삼전(大東三錢) ·
대동이전(大東二錢) · 대동일전(大東一錢) 등 은전을 주조 유통하였다.
이것은 전근대적 칭량 은화가 근대 금 · 은본위 제도하의 은화로 전환
되는 과도기적 형태라 할 수 있다.

　그리고 1883년에는 격증하는 국가 재정 수요를 충당하기 위해 당오
전 상평통보를 주조 유통하는 동시에 근대 금 · 은본위 제도를 실시하
기 위해 상설 조폐국인 전환국(典圜局)을 설치하였다. 화폐 제조 기관
인 전환국에서는 근대 화폐를 주조 발행하기 위하여 독일에서 근대 조
폐 기기를 도입하고 독일인 기술자를 초빙하였다. 1888년 역사상 최초
로 15종류의 근대 금 · 은 · 동전을 주조 유통하고자 하였으나, 그것은
한갓 시험 단계에 그치고 말았다.

　다시 말하면 근대 화폐의 제조는 대동은전부터 시작되지만, 실질적
으로는 조폐 기관인 전환국을 설치하여 1888년에 15종류의 시주화(試
鑄貨)를 주조한 것에서 비롯된다. 비록 시주화지만 경성전환국에서 15
종류에 달하는 근대 화폐를 주조 발행하려고 한 것은 한국 화폐사에서
근대 화폐 제도 도입을 위한 최초의 시도였다는 점에서 역사적 의의가
크다.

　그 후 1891년(고종 28)에 '신식화폐조례(新式貨幣條例)'를 제정하여

대동전 1882년(고종 19) 상평통보의 불편을 없애기 위해 은으로 만들어진 최초의 근대적인 화폐이다. 은 전 뒷면 중앙에는 작은 원이 그려져 있으며 그 속에 호조에서 만들었다는 표시로 '호(戸)'라는 글자가 새겨 져 있다. 이 은전은 해외로 유출되거나 부유한 사람들이 보관함으로써 유통이 제대로 이루어지지 않아 발행 된 지 9개월만에 주조가 정지되었다. 위에서부터 3전 · 2전 · 1전.

전환국 1883년(고종 20)에 설치된 상설 조폐 기관이다. 설치 당시 전환국은 서울에 있었으나 1892년 일본
이 화폐권을 침해할 목적으로 인천으로 옮겼다. 이후 1900년에는 경인선이 개통됨에 따라 다시 용산으로 옮
겨져서 1902년까지 독립 기관으로 존속되어 오다가 1904년 폐지되었다.

은본위 화폐 제도를 공포하고 인천전환국에서 은화를 비롯한 백동
화 · 적동화 · 황동화 등 5종의 근대 화폐를 주조하였다. 그러나 화폐
주조권이 일본으로 넘어갈 것을 우려한 청(淸)과 국내 보수파의 반대
로 '신식화폐조례'는 하나의 시도로 끝나고 말았다.

　이와 같이 조선 왕조는 문호 개방 이후 개화 정책의 일환으로서 화
폐 개혁 정책을 적극 추진하였으나, 소요 재정의 조달난, 정파간의 의
견 대립, 화폐 주조 관리와 조폐 기술의 미성숙 및 청 · 일의 간섭으로
그때마다 소기의 성과를 거둘 수 없었다.

을유 주석 시주화

시주화 가운데 처음으로 만든 것이 1886년(을유년)에 만들어진 을유 시주화이며 그 후 주석에 금도금을 하여 만든 금화용 5종과 주석에 은도금을 하여 만든 은화용 5종, 그리고 구리를 소재로 하여 만든 동화용 5종이 만들어졌다. 시주화는 일반적으로 통용 화폐로 만들어지는데 이들 15종의 시주화 가운데 통용 화폐로 만들어진 것은 태극 휘장 1환 은화와 10문 동화, 5문 동화 3종뿐이다. 그 원인은 금·은 보유량이 부족하여 근대 화폐가 통용될 수 있는 사회적 여건이 결여되었을 뿐 아니라 근대 주화 제도로 얻어지는 이윤이 적었고, 더욱이 운영 자금까지 부족하였기 때문이다.

금도금 주석 시주화

은화용 주석 시주화

동 시주화

3. 은본위 제도 실시

1894년(고종 31) 갑오개혁 추진 과정에서 일본의 화폐 제도를 본떠서 '신식화폐발행장정(新式貨幣發行章程)'을 공포하여 역사상 최초로 근대 은본위 제도를 실시하였다. 이로써 5냥 은화만을 본위 화폐로, 나머지 1냥 은화 · 백동화 · 청동화 · 황동화 등을 보조 화폐로 주조 유통하게 되었다.

전문 7개조로 된 '신식화폐발행장정' 제7조에는 신식 화폐가 다량 주조되기까지는 국내 화폐와 동질(同質) · 동량(同量) · 동가(同價)의 외국 화폐의 병용을 허가한다고 규정되어 있다. 이 규정에 따라 일본 화폐의 국내 통용이 합법화될 수 있었다. 따라서 이 '신식화폐발행장정'의 실시로 화폐 제도의 근대화는 이루어졌으나 국가 화폐권의 자주 독립성이 침해되는 중요한 계기가 되었다. 또한 이 장정이 공포 · 시행된 뒤 본위 화폐인 5냥 은화는 극히 소량만이 주조 발행되고 보조화인 악화 백동화만이 합법 또는 불법적으로 남발됨으로써 화폐 가치가 폭락하는 반면 물가가 폭등하는 등 이른바 백동화 인플레이션이 일어났다.

5냥 은화

1환 은화　　　　　1냥 은화

2전5푼 백동화

5푼 청동화

1푼 황동화   1냥 동시주화

일원권 (일본 제일은행권)

1902년부터 1910년까지 일본 제일은행에서 3차례에 걸쳐서 발행한 12종의 화폐이다. 제일은행은 일본의 상업은행 가운데 하나로 일찍부터 우리 나라의 해관 업무를 담당하고 있었는데, 1901년에 일본 일원 은화의 유통이 금지된 데 따른 불편을 막고 이익을 증대하기 위하여 화폐를 발행하고자 하였다. 이에 일본 정부의 승인을 얻어 1902년에 1원권 · 5원권 · 10원권을 발행하였다. 이 은행권 앞면은 일어로, 뒷면에는 한글과 영어로 쓰여져 있다.

4. 금본위 제도 도입 시도

　　근대 화폐 제도인 은본위 제도를 도입 시행하게 되었으나 백동화 인플레이션이 나타나는 등 화폐 경제는 또다시 혼란한 상황으로 치닫게 되었다. 이에 겹쳐 국내 정세는 혼란해지고 우리 나라를 둘러싼 일·러 양국간의 세력 균형에 변화가 일어나자, 이 같은 사실들이 직접·간접적인 원인이 되어 1901년(광무 5)에는 금본위 제도를 채용하는 이른바 '광무5년화폐조례'가 공포되었다.

　　즉 1894년에 실시된 은본위 제도를 폐지하고 금본위 제도를 채용한 것으로서, 아관파천 이후 국내 정치에 적지 않은 영향력을 행사한 러시아 세력을 배경으로 하는 친러 정권 내지 친러 배일 정권의 주도하에 공포되었다. 요컨대, 친러 정권은 금본위 제도의 실시를 요구하는 시대적 요청에 부응하는 한편, 화폐권의 침탈에 집착해 온 일본의 강한 영향력하에 채택된 '신식화폐발행장정'의 중단에 대응하여 화폐권의 자주 독립성을 보다 강화하기 위하여 '광무5년화폐조례'를 제정 공포하게 되었던 것이다.

　　전문 11조로 되어 있는 이 화폐 조례는 제1조에서 화폐의 제조 발행권은 일체 정부에 속한다는 점을 규정하고 있다. 또한 20환 금화를 비롯하여 은화·백동화·적동화 등 7종의 화폐를 주조 유통시킬 것을 제3조에서 규정하고 있다. 이밖에도 법화 규정, 구화폐의 교환 규칙, 사주 화폐의 통용 금칙 규정, 구화폐 병용 규칙 등이 규정되어 있다.

오원권 (일본 제일은행권)

십원권 (일본 제일은행권)

친러 정권에 의해 제정된 '광무5년화폐조례'는 1904년(광무 8) 8월 러·일 전쟁이 일어남에 따라 중앙은행조례 및 태환금권조례 등과 함께 시행의 단계에 이르지 못하고 말았다. 한편, '광무5년화폐조례'의 공포에 대한 반발로 일제는 1902년에 국가의 화폐권을 크게 침해하는 불법적 행위로서 일본은행권(日本銀行券)의 국내 유통을 시도하였다. 즉, 일본 제일은행(다이이치은행)은 주권 국가인 대한제국 정부로부터 어떠한 사전 허가나 양해도 없이 다만 자국 정부의 불법적인 특허만 받아가지고 '주식회사다이이치은행권규칙'을 제정, 1902년 5월부터 국내에 은행권을 발행하기 시작하였다.

이는 일본의 경제적 침략을 노골적으로 보여주는 것이므로 정부 당국과 상인층을 비롯한 일반 대중은 일본 은행권 통용 반대 운동을 전개했으나, 군함까지 동원한 일제의 무력 시위로 좌절되었다. 이로써 국내 화폐 유통 질서는 혼란해지기 시작했으며 여기에 개항에 따르는 비용의 격증으로 인한 재정의 어려움, 그리고 그에 대응한 악화의 남발은 화폐 제도 문란을 심화시킨 하나의 원인이 되었다. 그리고 국가의 화폐권 수호를 위한 저항으로서의 의미를 가지는 제일은행권 통용 반대 운동이 좌절됨으로써 일제의 화폐권 침탈 행위는 한층 더 노골화되었다.

금화

1906년부터 일본의 오사카조폐국에서 발행된 동전이다. 오사카조폐국은 광무 10년(1906)
이라는 연표시가 된 20환, 10환과 융희 2년(1908)이라는 연표시가 된 5환 등 3종의 금화,
반환 · 20전 · 10전 액면의 은화, 5전 액면의 백동화, 1전 · 반전 액면의 청동화 등 9종의
화폐를 만들었다. 왼쪽부터 20환 · 10환 · 5환.

5. 금본위 제도 실시

정부는 1904년 러 · 일 전쟁이 일본측에 유리하게 전개되는 상황에서 '한일의정서(韓日議定書)'를 체결하고, 이 조약에 따라 일본인 메카다쇼타로(目賀田種太郎)를 재정 고문으로 고용, 국가 재정은 물론 화폐와 금융에 관한 모든 업무를 위임하였다. 그는 그동안 백동화와 엽전 유통 지역으로 분립된 우리 나라 화폐 제도를 정리하기 위해 일본 제일은행과 '화폐정리사무집행에 관한 계약'을 체결하여 이 은행이 발행하는 은행권을 법화로 통용하였다. 또한 제일은행으로 하여금 서울 · 평양 · 인천 · 진남포 등지에 화폐 교환소를 설치하고, 화폐 제도 문란의 원인이 되었던 백동화와 상평통보를 회수하는 등, 화폐 정리 사업을 추진하였다.

한편 정부는 메카다쇼타로의 건의에 따라 화폐 제도 문란의 주요 원인인 백동화 남발을 막기 위해 그 본산으로 알려진 전환국을 1904년 11월에 폐지하고, 조폐 업무를 일본 오사카조폐국에 위탁하였다. 그리고 1905년(광무 9) 1월에 금본위 제도를 채택하는 이른바 '광무9년화폐조례'를 공포하였다.

'광무9년화폐조례'의 내용을 보면 제1조, 본국 화폐의 가격은 금을 가지고 기초로 삼아 본위화의 근거를 공고히 한다. 제2조, 위 조항에 의하여 광무 5년(1901) 칙령 제4호로 정한 화폐 조례는 올해(1905) 6월 1일부터 실시한다고 되어 있다. 이로써 이 화폐 조례는 금본위 제도

반환   이십전

은화 (일본 오사카조폐국 발행 동전)

실시를 골자로 하는 것으로서, 1901년에 이미 법률상으로 채택되었으면서도 실시되지 못하고 있던 '광무5년화폐조례'의 내용을 약간 수정 보완한 것임을 알 수 있다.

'광무9년화폐조례'에 의거해 1905년부터 일본 제일은행은 발권 은행이 되어 새로운 화폐 주조에 착수하여 9종의 화폐를 만들었다. 금화의 순금양목(純金量目)은 2푼(1푼은 0.375g)을 가격의 단위로 정하고 이를 환(圜)이라 칭하였으며, 50전을 반환, 100전을 1환이라 하였다.

동화 (1전)

백동화 (5전)

6. 역사적 의의

조선 말기는 악화 당백전을 남발함으로써 야기된 전근
대적인 화폐 상평통보 유통 체제의 혼란을 수습하기 위해 근대 화폐
제도를 수용한 수용기이다. 조선 왕조는 어지러워진 화폐 제도를 개혁
하고자 체제와 품질이 통일되고, 운반이 편리하며, 가치가 안정된 근
대 금 · 은본위 제도의 도입을 시도하였다.

이 같은 조선 왕조의 자주적인 화폐 제도 개혁 시도가 중단되고
1894년에 일본의 영향하에서 은본위제를 도입 실시함으로써 화폐 제
도의 근대화가 이루어졌다. '신식화폐발행장정'의 시행에 따라 화폐
제도의 근대화가 이루어지고 근대 화폐가 통용되었다는 것은 한국 화
폐사 발전 단계에서 특기할 일이지만, 일본 화폐 통용이 합법화되었다
는 점에서 일본의 영향력을 부인할 수 없는 한계를 가지고 있다. 즉 일
본의 영향 밑에서 시행된 은본위 제도의 수용은 조선 왕조의 화폐에
대한 지배권을 상실하게 되는 중요한 계기가 되었다.

이후 조선 왕조는 일본의 영향권으로 휩쓸려 들어가는 화폐권을 지
키기 위해 기회 있을 때마다 제반 조치를 취해 보았으나 국권이 상실
되는 역사의 흐름 속에서 화폐권의 자주 독립성만이 지켜질 수는 없었
다. 이 같은 역사적 상황하에서 백동화 인플레이션이 나타나는 등 화
폐 경제는 또다시 혼란한 상황으로 치닫게 되고 우리 나라를 둘러싼
일 · 러 양국간에 세력 균형의 변화가 직접 · 간접적인 원인이 되어 은

본위 제도를 폐지하고 1905년 금본위 제도를 채택하였다. 그런데 금본위제 역시 일제의 침략으로 국가의 자주 독립권이 거의 상실되어 가는 상황에서 확립되었으므로 금·은본위 제도가 가지는 역사적 의미의 한계성을 부인할 수 없다.

VI
근대의 화폐

대한제국 정부는 1903년(광무 7) 이래 국가의 화폐·금융권 강화를 위해 중앙은행의 설립을 시도하였다. 이 같은 목표는 1909년 11월 한국은행 설립으로 달성되었다. 우리나라 역사상 최초로 설립된 중앙은행인 한국은행은 발족 초기부터 은행권의 독점적 발행을 추진해 왔으나, 여건의 미비로 종래의 일본 제일은행권을 한국은행권으로 발행하였다.

1환권 (구 한국은행권)

1909년 한국과 일본 정부 사이에 제일은행권의 권리 의무 계승에 관한 각서를 교환하고 한국에 중앙
은행이 생기면서 발행한 화폐이다. 이 은행권은 제일은행권의 원판을 일부 수정하여 전용하였다.

1. 일제 시대의 화폐

대한제국 정부는 1903년(광무 7) 이래 국가의 화폐·금융권 강화를 위해 중앙은행의 설립을 시도하였다. 이 같은 목표는 1909년 11월 한국은행 설립으로 달성되었다. 우리 나라 역사상 최초로 설립된 중앙은행인 한국은행은 발족 초기부터 은행권의 독점적 발행을 추진해 왔으나, 여건의 미비로 종래의 일본 제일은행권을 한국은행권으로 발행하였다.

한국은행이 처음 은행권을 발행한 것은 1910년 12월이었는데, 먼저 1환권을 발행하고 이듬해 6월에 5환권과 10환권을 발행하였다. 한국은행권은 명칭·행장(行長)·근거 등에 약간의 차이가 있었을 뿐 그 양식은 제일은행권과 큰 차이점이 없었다.

일제는 한일합병 이후 1년 만인 1911년 3월에 '조선은행법'을 공포, 그해 8월 이전에 있었던 (구)한국은행을 조선은행으로 개칭하였다. 그리고 조선은행의 설립 시기를 한국은행이 설립된 1909년 11월로 소급 적용시켰다. 조선은행은 한국은행의 모든 권리와 의무를 승계하고 한국은행권을 조선은행권으로 인정하였으며, 조선은행이 발족한 얼마 뒤까지 한국은행권을 발행하였다.

조선은행은 1914년 9월에 이르러서 100원권을 발행하고, 이듬해에 1원권·5원권·10원권을 발행하였다. 조선은행권은 계속 발행되어 만주 지방과 중·일 전쟁 당시에는 중국 본토에까지 유통되었다. 조선은

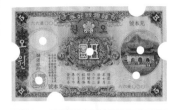

5환권 (구 한국은행권)   10환권 (구 한국은행권)

행권의 발행고는 (구)한국은행이 제일은행으로부터 인계받았을 때
1,180여만 원이었던 것이 1945년 8·15 광복 때에는 49억 원으로 증
가하였다. 조선은행의 발권 제도를 보면, 신축제한제도(伸縮制限制度)
로서 보증 준비에 의한 은행권 발행 한도는 처음에 3,000만 원으로 규
정되었다. 그러나 필요시에는 제한 외의 발행을 할 수 있었지만, 다만
이 제한 외 발행분은 연 5%의 발행세를 납부해야 했다.

조선은행권은 1914년부터 1950년까지 유통되었던 은행권이다.
1945년 해방이 되면서 은행권의 발행 주체가 달라짐으로써 조선은행
권을 두 시기로 나눌 수 있다. 먼저 일제 시기에 발행된 조선은행권은
1911년 조선은행법이 공포됨으로써 (구)한국은행이 조선은행으로 명
칭을 바꿈에 따라 발행된 화폐이다. 1914년 100원권 발행을 시작으로
일제 말기에는 고액의 천원권(1944년)이 만들어지기도 하였다. 그러

나 천원권은 인플레이션을 일으킬 수 있다는 우려로 발행하지 않았다.

1918년 '조선은행법'의 개정으로 보증 준비 발행 한도가 3,000만 원에서 5,000만 원으로 확대되었고, 1924년에는 조선은행에 대한 감독권자가 조선 총독에서 일본의 대장대신으로 바뀜에 따라 제한 외 발행의 인가권자도 일본 대장대신으로 변경되었다. 발행 조건으로서 정화 준비는 금화 및 은화, 지금은(地金銀) 외에 일본은행권을 요구하였는데, 이는 일본은행권의 조선은행권 지배를 의미하는 것이다. 그리고 보증 준비는 공채 증권(公債證券), 정부 증권(政府證券), 증권(證券) 및 상업 어음으로 구성되었다.

일본은 1931년에 만주사변을 일으키고, 영국이 금본위 제도를 정지하게 되자 금본위 제도를 이탈하여 관리 통화제를 수립하였다. 그리고 은행권의 금태환 정지에 관한 긴급 칙령을 공포·시행하여 태환 은행권의 금화 태환을 정지하게 되었다. 이로써 일본은행의 지배하에 있는 조선은행도 금화 태환의 의무를 지지 않게 되어 조선은행권도 종래의 태환 은행권에서 불환 은행권으로 전환되었다. 이로부터 국내의 화폐 제도는 관리 통화 제도로 전환되어 오늘에 이르게 되었다.

100원권 (조선은행권)

1원권 (조선은행권)

5원권 (조선은행권)

10원권 (조선은행권)

을100원권 (조선은행권)

2. 대한민국 시대의 화폐

1945년 8 · 15 광복, 우리 나라는 일제의 압제에서 벗어났으나 자치적인 정부가 곧바로 수립되지는 못하였다. 미군정 법령에 의해 '조선은행법'이 존속되고 일본은행 · 대만은행권 및 점령군 보조 군표 등이 회수되었기 때문에, 조선은행권만이 유일한 법화로서 계속 통용되었다.

1945년 해방이 되면서 남한에는 미군정이 실시되었다. 미군정은 자신이 발행한 'A' 자를 인쇄한 군표(軍票)를 유통시키려고 하였으나 조선은행권이 있음을 확인하고 철회하였다. 따라서 남한에서는 조선은행권이 계속 유통되었다. 1945년 9월에 을100원권이 발행되었으며 10월에 을1원권, 12월에 을10원권 및 병100원권이 각각 발행되었다. 1946년 5월에 병10원권을 발행한 이후에 일본적인 요소를 제거하기 위하여 일본 정부의 휘장인 오동문장을 무궁화로 바꾸어 화폐를 발행하였다.

화폐 발행고를 보면 광복 당시 49억 원이었던 것이 1949년 말에는 751억 원으로 팽창하였다. 그 중요한 원인은 광복 직후 일본인에 의해 종전 대책비란 명목으로 다량의 화폐가 증발된 데 있었다. 이와 같은 통화량의 팽창으로 조선은행권의 중심 권종도 소액권으로부터 고액권으로의 이행이 불가피하여 100원권의 비중이 1948년에는 거의 대부분을 차지할 정도였다.

을1원권 (조선은행권)

을10원권 (조선은행권)

병100원권 (조선은행권)

병10원권 (조선은행권)

한편, 1949년에 최고 발행 한도를 책정하고 새로운 양식의 5원·10원권과 5전·10전·50전권 등 소액권도 발행하는 등, 화폐 제도의 정비를 시도하다가 1950년 6월 12일 한국은행이 발족하였다. 1950년에 제정된 '한국은행법'에는 은행권 발행에 있어 금 또는 외환 준비를 전혀 요구하지 않고 은행권 발행에 대한 최고한도도 설정하지 않아 완전한 관리 통화제에 들어서게 되었다.

한국은행은 한국은행권을 발행해 보지도 못한 채 6·25전란을 맞게 되었다. 6·25전란 중 북한은 남침 지역에서 한국은행이 퇴각할 때 미처 소각하지 못한 상당량의 미발행 화폐, 즉 조선은행 100원권의 남발을 자행하여 경제를 교란시켰다. 북한에 의해 불법으로 남발된 통화의 유통과 인플레이션을 막기 위해 먼저 한국은행은 1950년 7월에 1,000원권과 100원권을 한국은행명으로 제조하여 대구에서 한국은행권을 최초로 발행하였다. 그리고 한국 정부는 그 해 8월에 적성 통화를 배제하기 위해 대통령긴급명령 제10호 '조선은행권의 유통 및 교환에 관한 것'을 공포하였다.

한국은행은 1950년 8월부터 1953년 1월까지 다섯 차례에 걸쳐 조선은행권을 한국은행권으로 교환해 주었는데, 이를 제1차 통화 조치라 한다. 이 통화 조치는 전쟁중에 실시되었으므로 많은 어려움이 따랐으나 그 효과는 컸다. 158억 원의 예금을 흡수하여 어느 정도의 인플레이션을 방지하였을 뿐만 아니라 북한의 경제 교란을 막을 수 있었고 화폐 제도도 바뀌게 되었던 것이다. 한편 1952년 10월에 한국조폐공사를 신설하여 1,000원권과 500원권을 발행하고, 그 뒤부터 한국은행권의 제조는 전적으로 한국조폐공사에서 맡게 되었다.

제2차 통화 조치는 제1차 통화 조치가 끝난 지 불과 1개월 뒤이며 휴

1000원권 (한국은행권)

100원권 (한국은행권)

신 1000원권 (한국은행권)

500원권 (한국은행권)

전 협정 체결 전인 1953년 2월에 단행되었다. 이 통화 조치는 과잉 구매력의 억제와 재정 · 금융 및 산업 활동을 안정시키기 위해 대통령긴급명령 제13호에 의해 취해졌다. 그 당시 한국 경제는 전란으로 인해 모든 생산 활동이 거의 마비된 상태인데다가 막대한 군사비 지출에 따른 통화 증발이 불가피하여 인플레이션의 압박이 심각하였다. 그리하여 모든 원화의 유통을 금지시키고 모든 거래와 원화 표시 금전 채무는 100분의 1로 평가절하하고 화폐 단위를 '환'으로 바꾸는 등 통화 체계가 크게 변하였다. 이 체계는 1962년에 다시 '원'으로 바뀌는 제3차 통화 조치 때까지 사용되었다. 이와 같은 통화 조치는 당시의 필요로 실시된 것이었으며, 해방 이후의 불안정한 사회상을 반영한 것이었다.

제2차 통화 조치 이후부터 제3차 통화 조치(1962년) 이전까지 발행한 화폐는 주화를 포함하여 모두 22종이 된다. 지폐는 1,000환권 · 100환권 · 10환권 · 5환권 · 1환권 등 모두 5종이다. 처음 5종의 지폐는 미국에서 만든 것으로 한글로 원, 한문으로는 환, 영문으로는 'WON'으로 표시하였다. 이후 국내 제조권으로 대체하기 위해 신10환권 등이 발행되었다.

제3차 통화 조치는 5 · 16 군사혁명 다음 해인 1962년 6월에 취해졌다. 이 통화 조치의 목적은 부패한 구정권과 결탁하여 부정축재한 퇴장 자금을 산업 자금화하고 경세개발5개년계획의 투자 자원을 동원하는 한편, 1961년 이래로 화폐 증발과 물가 경향에 따라 예견되는 악성 인플레이션을 미연에 막으려는 데 있었다. 제3차 통화 조치의 내용을 보면, (구)환화의 유통과 거래를 금지하고 유통 가치의 10분의 1로 절하하는 동시에 모든 자연인 · 법인 · 임의 단체의 (구)은행권과 지급 지시를 금융 기관에 예치하게 하는 것이었다. 그리고 모든 환화 표시 금

1000환권 (한국은행권)

100환권 (한국은행권)

10환권 (한국은행권)

신 10환권 (한국은행권)

5환권 (한국은행권)

1환권 (한국은행권)

액을 원화 표시 금액으로 변경, 1원·5원·10원·100원권 등 각종 '원'화가 통용되었다.

1970년대 이후부터는 고도의 경제 성장으로 화폐 수요가 급증함에 따라 5,000원권과 10,000원권 등 고액권을 발행하게 되었다. 또한 국력이 신장되었으며 우리의 화폐 단위인 원도 국제 금융 사회에서 지위를 차지할 수 있게 되었다. 이러한 배경 속에서 현재 사용되고 있는 화폐는 1982년에 계획이 수립되어 1983년부터 만들어졌다.

제3차 통화 조치는 경제적으로는 소기의 목적을 달성하지 못하고 단순히 화폐의 명목 가치를 절하하는 데 그쳤으나, 화폐사적인 측면에서는 현재 사용되고 있는 원화 체계의 도입이라는 의의를 갖는다.

1962년 제3차 통화 조치 당시 사용되었던 화폐는 500원권을 포함하여 모두 6종이었다. 이 6종의 화폐는 영국에서 만들어졌는데 위조가 쉬워 그해 9월에 새로운 화폐가 등장하였다. 그리고 제3차 통화조치 당시는 500원권이 최고 액면의 화폐였다. 그러나 1970년대 이후 급속한 경제 개발로 인해 고액 화폐를 발행할 수밖에 없는 상황이 되었다. 한국은행은 1972년에 5,000원권, 1973년에 10,000원권, 1975년에는 1,000원권을 발행하였다. 이로써 현재와 비슷한 화폐 체계를 이룰 수 있었다.

가 500원권 (한국은행권)

가 100원권 (한국은행권)

가 50원권 (한국은행권)

가 10원권 (한국은행권)

5원권 (한국은행권)

1원권 (한국은행권)

가 5000원권 (한국은행권)

가 10000원권 (한국은행권)

가 1000원권 (한국은행권)

나 10000원권 (한국은행권)

다 500원권 (한국은행권)

다 5000원권 (한국은행권)

라 10000원권 (한국은행권)

맺는 말

　　　　한국 화폐사는 세계적인 화폐사 발달 단계와 함께 발
전되어 왔다. 우리 나라도 다른 나라와 같이 자급자족 단계를 거쳐 물
물 교환 단계로 접어들면서 무기와 각종 생산 도구, 장신구, 가축, 곡물
류 등이 교역의 매개물로 사용되었다. 이 교역물은 한반도에 국가가 성
립된 이후 더욱 다양해졌으며, 삼국 시대 이후에는 대외 무역이 활발해
짐에 따라 화폐 주조의 필요성이 점차 커졌다. 그러나 대체로 고대 사
회에서는 국가에서 주조한 명목 화폐 성격을 갖는 주화는 아직 주조 유
통되지 않았다. 다만 중국 동전과 물품 화폐, 민간에서 만들어진 칭량
화폐 등이 유통되는 등 한국 화폐사 발전 과정에서 볼 때 화폐가 생성
되는 시기에 해당한다고 볼 수 있겠다.

　고려 시대에 비로소 법화를 만들었는데, 건원중보가 그것이다. 뒷면
의 '동국'이라는 글자가 우리 나라 화폐임을 알려 주고 있다. 그 후 해
동통보를 비롯하여 동국통보·삼한통보 등 여러 종류의 주화가 만들어
졌다. 즉 주체적으로 철전·동전 같은 명목 화폐의 성격을 띤 주화를
처음으로 주조 유통하였다. 그밖에도 은병·쇄은 등 칭량 은화와 저화
등 지폐를 사용하였으며 중국 화폐, 물품 화폐 등 여러 종류의 화폐가
유통되었다. 고려 왕조가 추구한 각종 화폐의 유통 시도는 한국 사회에
가장 적합한 화폐를 찾는 데 중요한 계기가 되었다 할 것이다.

　이처럼 고려 시대는 명목 화폐의 주조 유통을 시도하는 등 그 이전과

는 많은 차별성을 갖는 등 한국 화폐사에서 볼 때 중요한 전환기였다. 더구나 고려 시대를 뒤이은 조선 왕조 초기에 법화화(法貨化)한 은병 등이 계속 유통되었고, 조선 왕조는 고려 시대를 역사적 선례로 하여 저화나 동전 등 명목 화폐의 유통을 시도하였다는 점에서도 고려 시대 화폐사의 역사적 의의는 평가되어야 할 것이다.

화폐의 주조 유통이 보다 본격적으로 이루어진 시기는 명목 화폐 제도의 도입 시도기 후반에 해당하는 조선 전기에 들어와서이다. 조선 왕조 초기부터 저화나 동전[朝鮮通寶] 등 명목 화폐와 포화·전폐(箭幣) 등 물품 화폐의 유통이 시도되었으나 포화만 계속 유통되었다. 그러나 동전이 국내에 유통되기에 가장 적합한 화폐라는 점을 인식하는 계기가 되었다. 이로써 조선 전기는 한국 화폐사 발전 과정에서 볼 때 고려 시대와 마찬가지로 명목 화폐의 도입 시도기에 포괄되지만 그 후반이라 할 수 있을 것이다.

왜란 이후 동전 유통 정책이 지속적으로 시도되다가 1678년(숙종 4)에 상평통보(常平通寶)가 주조 유통되면서부터 전국적으로 유통되기 시작하였다. 상평통보는 조선 시대 말기까지 약 2세기 동안 전국적으로 유통되면서 봉건 조선 사회의 해체 내지 근대 지향을 촉진하였다. 이로써 조선 후기는 한국 화폐사 발전 과정에서 볼 때 화폐 경제 성장 발전기라 할 수 있을 것이다.

　　근대에 들어서면서 금 · 은본위 제도가 도입되었으며, 화폐만을 담당하는 전환국이 생겼다. 금 · 은본위 제도는 개항 이후 조선 왕조가 조선 말기의 상평통보 유통 체제의 혼란을 극복하기 위해 여러 번 도입을 시도하였으나 큰 성과를 거두지 못하였다. 이후 1894년 일본의 영향 밑에서 은본위제를 실시함으로써 화폐 제도의 근대화가 처음 이루어졌다. 즉 '신식화폐발행장정'의 시행에 따라 근대 화폐가 통용될 수 있었다는 것은 한국 화폐사 발전 단계에서 특기할 일이나 일본 화폐 통용이 합법화되었다는 점에서 일본의 영향력을 부인할 수 없다는 한계를 가지고 있다. 또한 금본위제 역시 일제의 침략으로 국가의 자주 독립권이 거의 상실되어 가는 상황에서 확립되었으므로 금 · 은본위 제도가 가지는 역사적 의미의 한계성을 부인할 수 없다.

　　한편 조선 왕조는 일본의 영향권으로 휩쓸려 들어가는 화폐권을 지키기 위해 기회 있을 때마다 자위적 조치를 취해 보았다. 이러한 조치의 일환으로 1909년에는 한국 최초의 은행인 (구)한국은행을 설립하고 3종의 지폐를 발행하였다. 그러나 이 시기에는 일본 제일은행권이 사용되는 등 일본의 경제적 침탈이 심하였다. 일본은 결국 1910년에 강제로 조선을 합병하였으며, 조선은행권이 유통되었다. 즉 조선 왕조의 화폐권은 국권이 상실되는 역사의 흐름 속에서 화폐권의 자주 독립성만 지켜질 수는 없었다.

　1945년에 해방된 우리 나라는 사회 경제적으로 크게 불안하였다. 이것은 모두 3차례에 걸친 화폐 개혁으로 표출되었다. 1950년 제1차 통화 조치와 1953년 제2차 통화 조치는 한국전쟁으로 인한 인플레이션 때문이었다. 특히 제2차 통화 조치 이후에는 화폐 단위가 원(圓)에서 환(圜)으로 바뀌었다. 그 후 1962년 제3차 통화 조치 때 현재 사용되고 있는 원화 체계를 다시 도입하였다. 이후 한국 경제는 고도의 경제 성장을 이룩하면서 1970년대부터는 고액권인 만원권이 등장하였으며, 은행권 이외에 수표 · 어음 · 신용카드 등의 이용도가 높아지는 오늘날에 이르렀다.

찾아보기

원 유 한

1935년 충남 천안 출생.

연세대학교 문과대학 사학과, 동대학원 사학과(문학석사 · 문학박사) 졸업.

문교부 국사편찬위원회 편찬연구관, 수도여자사범대학 역사교육과 조교수,

홍익대학교 사범대학 역사교육과 교수, 동국대학교 사범대학 역사교육과 교수,

연세대학교 국학연구진흥연구단 연구교수 역임.

현재 동국대학교 명예교수.

저서

『조선후기 화폐사 연구』(한국연구총서 29), 1975, 한국연구원

『조선후기 화폐 유통사』, 1979, 정음사

『홍이섭의 삶과 역사학』(무악사천 1), 1995, 도서출판 혜안

『통일 부활의 꿈』(실학아리랑 총서 1), 2001, 도서출판 혜안

『조선후기 실학의 생성 · 발전연구』, 2003, 도서출판 혜안

한국의 전통 사회 **화폐**

펴낸날 1판 1쇄 2005년 11월 25일 _ **지은이** 원유한

펴낸이 김용숙 _ **펴낸곳** 이화여자대학교출판부

주소 서울특별시 서대문구 대현동 11-1 (120-750) _ **등록** 1954년 7월 6일 제9-61호

전화 02-3277-3163, 3242(편집부), 02-3277-3164, 362-6076(영업부) _ **팩스** 02-312-4312

e-mail press@ewha.ac.kr _ **인터넷서점** http://www.ewhapress.com

편집 책임 정경임 _ **편집** 이혜지 · 김미정 _ **디자인** GNA Communications _ **찍은곳** (주)문성원색

값 12,000원 ⓒ 원유한, 2005

ISBN 89-7300-661-4 04300

ISBN 89-7300-602-9 (세트)

* 잘못된 책은 바꾸어 드립니다.